1973年に生まれて

団塊ジュニア世代の半世紀

速水健朗

東京書籍

まえがき

2019年に「OK BOOMER」が流行した。きっかけはニュージーランドの議会の中でのこと。25歳の女性議員が気候変動の問題について発言したときに、男性議員からヤジが飛んだのだ。彼女は、その態度にあきれて両手を広げてみせた。それが世界中にニュースとして伝えられた。上の世代に話が通じないときに「OK BOOMER」のポーズは、世界に拡散した。

いわゆるベビーブーマーとは、第二次世界大戦後の人口拡大期に生まれた人たちのことだ。世代区分として、1946〜64年頃に生まれた人々のことを指す。日本の世代区分に比べるとずいぶんざっくりとしているが、本来、世代とはこのくらいの幅を持って議論するのでちょうどいい。日本では、団塊の世代の区分がなじみがあるが、47〜49年生まれと範囲が狭く、限定されすぎる。

ブーマー世代が他の世代の主張を聞かず古いままの世界認識で生きているというのは、もちろん、印象や評判レベルの話だが、世界中がそれに共感を示し、何よりおもしろがった。

人口の多さゆえに煙たがられる世代。それが、世界のコンセンサスになった。

当の本人たち世代に自分たち世代が煙たがられている自覚があるようだ。「団塊世代というのは自分のことを語りたがる」「そしてしばしば自意識過剰でもある」「加えて、世間の評判がかんばしくない」（『団塊ひとりぼっち』）そう書いているのはエッセイストの山口文憲である。そして、自分の世代についての話をしゃべろうとするとすぐに「非団塊の世代（とりわけ一世代下の五〇年代後半生まれ）から揚げ足をとられる」のだという。

世界的にこのブーマー世代を冷ややかに見ているのは、ミレニアル世代（1980年～1990年代中頃生まれ）とZ世代（1990年代中頃以降の世代）である。彼ら、彼女らは人生のスタート時点で持たざる者だったという意識を持っている世代である。

この世代が環境問題に高い関心を示すのは、自分たちが誕生した頃に環境破壊がすでに進んでいたからだ。住居のための土地もすでに先行世代に買い占められてしまっているから家賃高騰問題にも怒りの矛先を向けている。そこから抜け出すためには、社会的エリートになって階級的上昇を果たすしかないが、教育のコストも高く、進学時に背負う借金を社会に出てからも長く払い続けなければならない。こうした世界は、ブーマー世代が作り出した。その認識が正しいかどうかはともかく、彼らの怒りはもっともなものだ。

さて、ブーマー世代とミレニアル・Z世代の間に、もうひとつ別の世代がある。なんとも中途半端で、存在感が薄いわれらが世代である。

ちなみに日本ではまるで定着していないが、X世代という呼び方がある。アメリカでは、65~80年に生まれた世代を指すものだ。もちろん、先にX世代の登場があったから、それに続くY、Z世代の呼び名になっているのだ。しかし、いまや〝X世代〟だけが死語のようになっている。

そんなX世代だが、その言葉が登場したときは、もっと注目されていた。ちなみにこの造語は、ダグラス・クープランドという作家の小説から生まれていて、当初、既存の社会に背を向けたクールな世代という認識で広まったもの。この世代は、社会がどうなっていようが斜に構えていて、怒ったり、反論もしないのだという。常にどこかあきらめている姿勢で生きていて、テレビゲームやコンピューターの世界に閉じこもったり、ポータブルの音楽再生機でロックやハウスミュージックを聞いている。映画『リアリティ・バイツ』などもそんな世代を描いた映画だった。小説でいえばチャック・パラニュークの『ファイト・クラブ』がこの世代を描いた代表作だ。

クールで社会に背を向けた世代。どの時代の若者にも一定数当てはまる、何も言っていないも同然の定義。明確な輪郭を持って世代を語っているとはいえない。とはいえ、今の

X世代を指すものとして当たらずといえども遠からず、という面もある。あきらめていて怒ったり反論したりもしない。影が薄い世代とされるのは、ある意味、仕方がないともいえるのだ。

この世代が声を発したタイミングはあった。日本の話だが「ロスジェネ世代」「超氷河期世代」などの90年代半ば以降に就職期を迎えた世代が、非正規雇用が急増し、経済的困難に直面したという話は、2000年代以降に共有されるものとなった。一方、これらが解決されないうちに雇用回復の時代が来て、とりこぼされた世代を指す「お荷物世代」との声も聞こえてくるようになった。本当に就職で苦労したのは、団塊ジュニアよりも少し下の世代だった。ある世代だけを特権化するのはよくないが、「あー、あの世代ね」とひとくくりにされ、紋切り型の世代イメージで語られるようにもなっている。

とはいえ、自分が生きてきた時代を特別な時代だとすることも、自分の世代が特別な世代だと考えることも、ましてや、その考えを他の世代に押しつけるのも得策ではない。それはブーマー世代、元祖団塊の世代の背中を見て感じることでもある。そう思っているうちにいつしか存在感のない世代になったのかもしれない。

本書では、80年代以降の日本の出来事、話題、事件を振り返る。その中で、自分たちの世代（主には73年生まれの世代）がどう関わっているか、どう見えていたか、という視点で再構成したものだ。さらに73年生まれの活躍、犯罪も取り上げる。同世代史、同じ世代の動向を通して見た社会の歩みを眺めていくもの。

いくつかのテーマがある。ひとつは生活の中の細部のテクノロジー変化という目線である。団塊の世代であれば、子どもの頃に冷蔵庫、電話、テレビが家に来たときのことを覚えている。10年で社会や家の風景、生活が大きく変わった世代だ。それに比べれば、変化の少ない時代を生きた世代だが、だからこその細かな変化を見ていきたい。

コンビニがない時代に夜中におなかが空いたらどうしていたのか。携帯電話やLINEがない時代に待ち合わせでの遅刻はどう対処していたのだろう。ペットボトルがない時代は、喉が渇いたときに何を飲んでいたのか。ちょっとしたことだが、その積み重ねが生活のあらゆる局面を変えてきたことには注目しなければならない。こういうひとつひとつの変化がどこで起きたのか、曖昧な変化の記憶をたどる。

もうひとつのテーマは、日本の人口問題だ。少子化や人口減といった社会問題、これからの政策をどう考えるかではなく、もっとシンプルなものだ。日本人は、いつ人口が減っていくことに気づいて、いつそれに抗うことをあきらめたのか。

裏テーマもある。それは親世代との関わりである。ちなみに筆者は73年生まれ。団塊ジュニアと呼ばれる前後の人口の波での頂点で生まれている。僕の母親は、団塊の世代でもっとも人口の多い1949年生まれだ。それぞれが、波の頂点の年に生まれた。

本書では、自分の世代の登場人物が出てきた場合に、律儀に生まれ年を記すことを意識的に行っている。それは71〜74年に絞る。そして裏テーマの親世代についても、生まれ年に触れる。広義の団塊の世代の定義である47〜52年生まれに絞る。

ちなみに我が家は、母親は専業主婦。父親（46年生まれ）はサラリーマン。子どもは2人とも団塊ジュニア世代。核家族で団地（のちにマンション）暮らし、マイカー族。日曜日にはドライブに出かけ、帰りにロードサイドのファミレスで食事をする。まるでサンプルとして抽出されたような家族である。そこまで自分に特化した話を書くつもりはないが、サンプル紹介程度に記しておく。

73年生まれでもっとも早くに頭角を現したのは、宮沢りえだった。12歳頃にはモデルとして活躍し、15歳で映画デビューを果たし、17歳でNHK紅白歌合戦に特別なポジションで出演している。80年代後半の話である。一方、比較的にブレイクの時期が遅かったのは、大泉洋だ。どこをブレイクとするかは議論の余地があるが、40代になるかならないかの頃だろうか。その時点で宮沢と25歳のずれがある。大泉と同じTEAM NACSで活躍する俳優の安田顕のブレイクは、もっと遅い。40代半ば。もちろん、アイドルと俳優タレント、お笑い芸人、スポーツ選手、クリエイター、文化人では活躍する年齢はばらばらだ。ちなみに、73年生まれにも多様な人材が存在する。

彼らの活躍や引退（スポーツ選手であれば）を順に記すだけで、〝同世代史〟が見えてくるところがある。ちなみに活躍する同年齢が多いのは、単に生まれた人口が多いからだ。別に特別優秀な人材が多い年ということはないだろう。

とはいえ、一部例を挙げてみる。

野球選手では、イチロー、石井一久、中村紀洋、小笠原道大、松中信彦、三浦大輔らがいる。野球選手の73年は、当たり年だ。お笑い芸人も73世代は当たり年。ロンドンブーツ1号2号の田村淳、アリｔｏキリギリスの石井正則、バナナマンの設楽統、古坂大魔王、小籔千豊らがいる。俳優では深津絵里、堺雅人、浅野忠信、反町隆史、松嶋菜々子ら。ミュージシャンでは、作曲家・ピアニストの渋谷慶一郎、ノーナ・リーヴスの西寺郷太、ホフディランの小宮山雄飛らがいる。アナウンサーには、住吉美紀、下平さやか、安住紳一郎、プロレス実況で知られる清野茂樹らがいる。

アニメーション監督の新海誠や脚本家の古沢良太も73年生まれだ。彼らのようなクリエイターは、若くから活躍するタレントや俳優よりも遅い年代で活躍を始めるものだが、両者が大ヒット作を生むようになるのは、40代以降のこと。
ちなみに、73年生まれを日本の学校制度の同学年と定義すると、早生まれの問題が出るが、そこは割り切り、73年の1月1日〜12月31日生まれを〝73年生まれ〟と定義する。もちろん、その前後の世代を取り上げないわけではない。生まれ年の違いを強調したいのではなく、あくまでサンプルである。あくまで広い年代を対象に、なるべく多くの人に読んでもらいたいと願っている。世代特有の共感ではなく、他の世代が共有、追体験できるものであればいいとも思う。

速水健朗

目次

第1章

ピッカピカのニュージェネレーション
1980年代

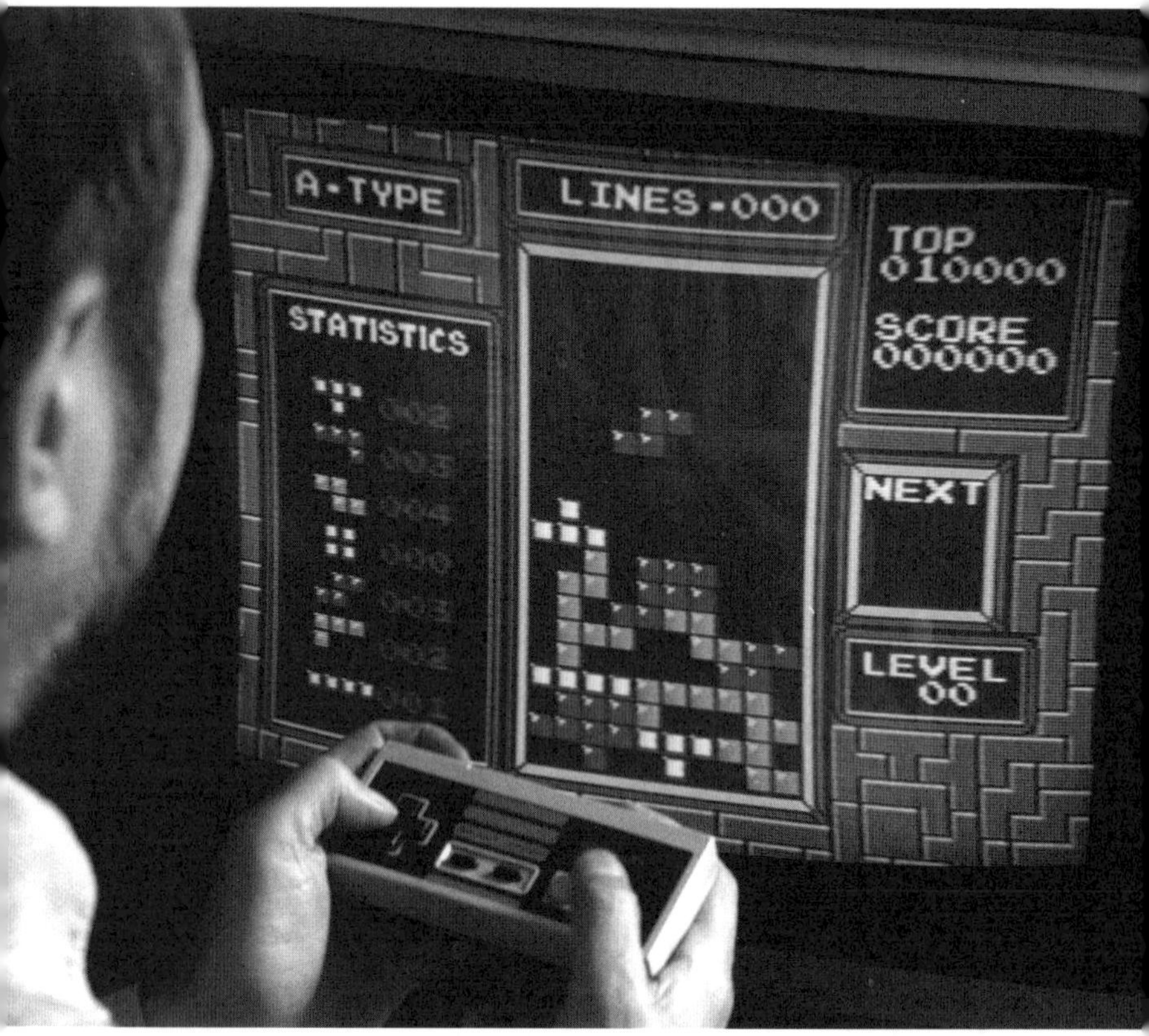

アメリカでも大流行したテトリス　1990年6月1日撮影　写真：AP/アフロ

人口が増えている実感の持てた時代

「ピッカピカの一年生〜」のCMが始まった1978年。この年に小学校へ入学するのは、1972〜1973年生まれの団塊ジュニア世代だ。もちろん、CMに出ている子どもたちもこの世代の子どもたちだった。

「小学校に入っても、ずっと友達だべ?」(略)
「おいどんの学校からは、桜島しか見えんぞ」
「よか眺めじゃ!」
「雪さとろけたら学校だ、もうすぐだべ」

素人の子どもの無防備なリアクションがうけて、CMはこれ以後もずっとシリーズとして続くことになった。最初にこのCMを見たときのことは、なんとなく覚えている。当時の自分と同じような田舎の子どもたちがテレビに出ていたことが、どこか面映く感じていた。自分の町にも撮影のカメラが来るかも知れない。どこかでそう思っていたことも確かだ。

CMの画面には「全国200万人の新一年生のみなさん」のテロップが表示されている。

当時は子どもの数が多く、1学年に200万人の子どもがいた。ちょうど、団塊ジュニア世代の先頭が、小学生になろうとしていた頃。

「ピッカピカの一年生〜」は、小学館の発行する学年誌『小学一年生』のCMだった。その入学の時点で読者になってもらえれば、6年間、読者になってくれるかもしれない。学年誌のビジネスモデルは、子どもの人口が増えている時代にはうってつけのものだったが、子どもの数が減った時代になくなり、ついには『小学1年生』だけが存続している状態である。

このCMの撮影には、当時はまだ珍しいビデオカメラが使われていた。複数の撮影チームが、同時にロケを敢行し、短期間で撮影が行われたのだ（『ピッカピカの一年生を作った男』杉山恒太郎）。ビデオでは、少人数での撮影が可能となり、子どもたちが伸び伸びとしゃべっているのも、スタッフの数が少ないせいだろう。

子どもたちは、気ままに方言でしゃべっている。地方では、老人と子どもの方言が強い。僕には小学校4年生のとき、仙台市から秋田市に引っ越しをした頃に方言で困った経験がある。仙台ではきつい方言はなかった。同じ東北でも秋田は、特有の方言がある。

秋田の子どもたちは「なも」「んだ」「ばかけ」「ばしこけ」の4語だけでほぼすべての会話をこなせてしまう。これは、「まあ」「そう」「笑うよね」「ほんとかよ」くらいのニュアンス。慣れればなんともないが、転校生には外国語のように思えた。CMくらいの方言であれば、かわいいものだが、実生活での苦労は別である。

1970年代は、方言が再評価された時代だ。その前の時代に、訛り言葉を馬鹿にするような風潮が強くあった。集団就職の時代に上京した若者たちは、訛りを馬鹿にされることから周囲の輪に入れなくなることが多かった。これらは主に東北出身者の悩みである。その後、東京中心のメディアの時代となり、方言は弱体化。それと同時に、方言を再評価する流れが生まれ、「ピッカピカの一年生~」はその中で子どもの使う方言に目を付けたのだ。

日本の朝ご飯とテレビのニュース

1982年2月8日未明（午前3時24分）に発生したホテルニュージャパンの火災は、朝のテレビニュースの歴史の中でも、特別な事件である。

報道メディアが第一報を聞きつけて駆けつけた未明頃には、まだ炎はホテル全体を覆っている。朝のニュースの時間帯でも、救出が行われる現場からの生中継が行われていた。

当時の我が家の朝ご飯は目玉焼きにトーストだった。洋風にかぶれていたのだ。「ニュージャパン」のネーミングと同じである。当時は小学2年生。我が家の朝は、テレビでニュ

ホテルニュージャパン火災　1982年2月8日　写真：毎日新聞社/アフロ

ースを流しっぱなしにしていた。多くの家庭もそうだったはずだ。他のニュースは忘れたが、ずっと現場から中継が行われていたホテルニュージャパンのことは記憶している。ホテルニュージャパンは、地上10階地下2階建てのビルで、出火元は9階。それより上階の宿泊客が窓から外に出ようとしていた。シーツをロープ代わりにして脱出する客の姿もあった。

日本人の朝の時間帯にテレビをつけ、時計がわりにしておく習慣は、1960年代半ばに始まっている。『木島則夫モーニングショー』の放送開始がその始まりだという。64年のこと。80年代当時の朝のテレビの定番は、すでに『ズームイン!!朝!』(日本テレビ)になっていて、ネットする地方局から随時、中継が入る慌ただしいスタイルが定着していた。司会の徳光和夫は、当時の日本の朝の顔だった。ただ、我が家ではズームインの慌ただしさが苦手ということでNHK『ニュースワイド』にチャンネルを固定していた。80〜84年は森本毅郎のキャスター時代。

NHKの朝といえば連続テレビ小説だが、この火災のあった2月は『本日も晴天なり』が放送されていた。この記憶はない。翌年からが『おしん』で、これが最初の朝ドラの記憶だ。おしんの子ども時代を演じた小林綾子は、72年生まれ。

ちなみに、ホテルニュージャパンの火災でもっともテレビを賑わすのは、ホテルのオーナーの横井英樹である。元々、彼が有名だったのは、50年代の白木屋買収事件の頃。強引な企業買収、総会屋らが活躍した戦後史の登場人物に、80年代になって再びスポットが当たったのだ。「皆さん、本日は早朝よりお集まりいただきありがとうございます」と事故後に、報道陣に対して答えた瞬間から、メディアはこの横井の悪びれない態度に注目するようになる。

オーナー経営者である横井の、過度な引き締め経営、防火扉やスプリンクラーの作動を停め、安全を軽視した経営が批判され、横井には業務上過失致死で有罪が宣告され、禁固3年の判決が下された。

作家の島田荘司による『火刑都市』という連続放火事件をモチーフにした小説では、ホテルニュージャパンをモデルにしたビル火災の場面が描かれている。ホテルニュージャパンのある赤坂見附は、かつての見附のひとつ。江戸の街の防災拠点でもあった。島田は、江戸の町が何度も火災で焼失したこと、現代の東京のビルが危うい防災体制にあること、それらを踏まえてこの小説を書いた。

営業禁止の処分を受けたホテルの跡地は、長い間、買い手がつかず、再開発の計画が持ち上がっては消えることを繰り返した。再開発に手を付けられるのは2000年代になってからのことだ。

家庭用ビデオデッキの登場

家にビデオデッキが来たときのことは記憶している。説明書を読み、録画の操作方法を覚え、テレビ放映された『ドラえもん　のび太の恐竜』を録画した。そして、後日、家に友だちを呼んでそれを見た。1981年当時のビデオデッキの普及率は10パーセント程度。「うちにビデオがあるんだけど、見に来ない？」と友だちを誘うのは、スネ夫がいかにもやりそうなやり口である。

当時、ビデオを買ってきた父親が熱心に録画していたのは『NHK特集　シルクロード―絲綢之路―』だった。NHKの大型ドキュメンタリーシリーズで1980年4月から放送が始まったもの。喜多郎のテーマ音楽だけよく覚えている。他には西部劇が好きでテレビで放映される西部劇と第二次大戦をモチーフにした戦争映画をよく録画していた。

我が家の家電製品は、パナソニック、ナショナル製、つまり松下電器で統一されていた。当時は家電は量販店で買うより街の電器屋で買うのが当たり前の時代。街の電器屋にはメーカーごとの系列があった。家電メーカーは、商品のCMだけでなく、週末に系列店に足を運んでもらうための、フェアのCMも数多く流していた。日立は「日立のお店をのぞいてみませんか」、東芝は「あなたの街の東芝のお店」、ナショナルは「特選品フェア」。

80年代前半は、まだビデオテープが高価だったゆえに気軽には番組録画はできなかった。『アニメージュ』1981年7月号の広告を見てみると、VHSビデオテープ120分用4800円、90分用4300円、60分用3500円、30分用2800円とある（永田大輔「ビデオをめぐるメディア経験の多層性――「コレクション」とオタクのカテゴリー運用をめぐって」、『ソシオロゴス』2018年）。音楽用テープと比べれば10倍以上。気になる番組を一応録っておこうという気分ではなく、一生ものの番組だけ録画可能、そのくらいの気合いが必要だった。ビデオテープの価格が安くなったのは、87、88年頃のこと。120分のVHSカセットが3本セットで1000円程度になり、その頃には、録画も気楽にできるようになった。

「ベータマックスはなくなるの？」という新聞の全面広告をソニーが出稿したのは、1984年1月25日のことである。この頃に、VHSとベータマックスの規格競争に勝ち負けがはっきりしてきた、というよりも、そんな自虐の広告を打たなければならないほどにソニーが追い詰められているのだろうと、販売店が判断するきっかけになった。

2月9日号の『週刊文春』に、このソニーの自虐広告を取り上げた記事が載っている。「ソニー盛田会長がついに決断した仰天広告の吉凶」というタイトルで、同じ号には三浦和義のロス疑惑を報じる「疑惑の銃弾」の第3回目が掲載されている。

規格競争で両陣営が切磋琢磨したことで、日本のビデオを巡る技術が急速に向上した。当初20万円以上と高価だったデッキは、数年で半分を割る値段に下がり、80年代半ば以降に本格的な普及期を迎えた。家庭用ビデオの時代は、2000年頃まで続く。

1990年代、ロンドンのサッカーチームであるアーセナルのユニフォームにはJVC(日本ビクター)の名が刻まれ、マンチェスター・ユナイテッドには、SHARPのロゴが入っていた時代があった。イタリア・セリエAのユベントスは、SONYのロゴだった。工業製品が強かった時代の中でも、記録用磁気テープの分野のシェアは圧倒的、特にビデオの分野では標準規格を日本がリードしていた。

映画が生活習慣に組み込まれた頃

近所や繁華街にレンタルビデオ店が次々とオープンしたのも中学に入るのと同時くらいのことで、急速に目に付くようになったのは、85〜86年頃。最初は繁華街に中規模店舗ができて、住宅地の近くに小規模店ができた。電器店がビデオデッキを売るだけでなく、レンタルビデオに進出するケースもあった。

登場して間もない頃のレンタルビデオ店は、個人店舗が多かった。映画を細かなジャンルに分け、映画好きのための棚づくりを意識した店もあれば、店の入り口に近いところからいきなりアダルトビデオを並べている店もあった。初期のレンタルビデオ店は、アダルトコーナーをのれんで区切ってゾーニングするという配慮はなかった。黎明期は、法的に未整備な部分を抱えたまま業界が立ち上がったこともあり、小規模店舗では海賊版を貸していたケースも少なくなかったようだ。

レンタルビデオの潮目が変わるのは、１９８７年頃で、ここから一気に郊外型大型書店チェーンの時代に移行。この郊外チェーン化の背景には、コンビニの台頭があったという。コンビニが雑誌を扱うようになると、従来の書店は売り上げを奪われた。雑誌に代わる新しい商材として、ビデオのレンタルに注目したのだ。雑誌や書籍よりも粗利率の高いレンタルビデオは、急速に郊外で普及する。

当時、僕が住んでいた新潟は、ＴＳＵＴＡＹＡのフランチャイズチェーン大手が早くから店舗を増やした地域だった。うちのファミリーは、その初期の利用者だった。日曜日の夕食は、郊外のロードサイドのファミリーレストランに車で出かけるのが恒例で、毎回、その帰りにＴＳＵＴＡＹＡに立ち寄るのだ。そこで選んだビデオを、家で皆で見る。ヒッチコックの『鳥』や『北北西に進路をとれ』、オードリー・ヘップバーン主演の『ローマの休日』『パリの恋人』『麗しのサブリナ』などを見た記憶がある。こうした50年代のハリウッドクラシックスは、自分ひとりで見ることはなかったであろうもので、一種の〝教養〟として貴重だったように思う。ひとりで借りて見る映画は、大概が70～80年代のアクションもので、刑事物、ハイジャック物、ホラー系、スピルバーグ関連の映画ばかりだった。

この時代、日本人の生活習慣にレンタルビデオが定着する。学校や会社への帰りなどに、〝借りにいく〟と〝返しにいく〟という習慣が身につき、日常のサイクルに映画（すでにビデオ化された旧作）を見ることが組み込まれた。

ゲーセン出入り禁止の不思議

インベーダーブームは1978年のブームなので、団塊ジュニアは間に合っていない世代。とはいえ『コロコロコミック』の看板漫画だった『ゲームセンターあらし』は直撃世代で、主人公がかぶっていたインベーダーキャップは憧れの存在だった。主にはクラスの男の子たちの話である。

主人公、石野あらしは小学校の6年生。得意なインベーダーゲームで数々の挑戦者たちを打ち倒していくヒーロー。とはいえ学校では、ゲームセンターへの出入りが禁じられている。あらしの通う学校だけではなく、大概の小・中学校でもゲームセンターへの出入りは禁じられていた。

あらしのコミックスの巻末には、「テレビゲーム憲章」が掲げられている。

「テレビゲーム憲章」

「決められた場所以外では、遊ばない」

「自分のおこづかいのゆるすはんいで遊ぼう」

「できるだけ、おとうさんやおかあさんといっしょにいこう」

「学校で禁止されていたらやっちゃいけないぞ」

漫画のタイトルに記された場所を舞台として描けないというのは、作者のすがやみつるも苦労しただろう。かわりに、ゲームセンター以外でのシーンがたくさん描かれる。巨大タンカー上に設置されたディスプレイでのゲーム対決、野球用のスタジアム、デパートを使ってマイコン売り場とテレビゲーム売り場とフロアを変えての勝負。むしろ、作品に広がりが生まれていた。

子どものゲームセンターの出入りを禁じた理由は、非行化を防ぐというもの。遊戯場での遊びが不良化につながる。戦後の太陽族の時代くらいのアナクロニズムなルールがまだ残っていたのだ。

子どもたちは、将来発展するであろうコンピューターに触れる機会を奪われた一方、家で遊ぶ用の子ども向けのゲームが与えられた。小型の液晶のゲームウォッチやＬＳＩのパックマンなど、これらは、廉価版のテクノロジーといった感がある。

〝ゲーセン〟には定期的に補導員が来るという噂があった。僕らはわざわざ学区外まで出かけていった。ただ実際に補導員に見つかって学校に通報されるなどのケースは、耳にしたことはない。むしろ警戒したのは、恐ろしいツッパリたち。彼らはゲーセンに来て不良化したのではなく、大人に見つからずにタバコが吸える場所としてゲーセンをたまり場としていた。

小学校の5年生の当時、僕が住んでいた秋田市は、不良が多い地域だった。ゲーセンは怖い場所で、間違った店に入って危険な思いを何度もしたことがある。カツアゲ、不良グループへの勧誘。ただそういう場所は、噂や外観や雰囲気などで判別が付くようになり、避けて通った。そして、なるべく3人以上で連れだってゲーセンに行く。一種の集団安全保障である。

ゲームセンターで遊んだゲームのタイトルを、思いつきで挙げると、『パックランド』『ゼビウス』『ドラゴンバスター』『イー・アル・カンフー』『チャイニーズヒーロー』『スカイキッド』『グラディウス』『エキサイティング・アワー』『メトロクロス』『熱血硬派くにおくん』『アルカノイド』などが浮かぶ。名作だけでなく、さほど知られてないゲームも含んでいる。どれも84〜86年頃のゲームだ。

85〜86年頃にゲーセン文化は一旦の転換期を迎えている。86年の時点で、すでにおおかたのゲームセンターは、明るい健全な場所だった。1985年の風営法改正がきっかけだった。店員の目も隅々にまで届くようになり、不良のたまり場ではなくなっていた。ゲーム台がテーブル型からアップライト型に変わったのも、ほぼ同時期のこと。

コンピューターゲームが日本人の日常生活と結びついた最初期、それはおたく文化とヤンキー文化の境界線上に置かれていたのだ。

ロス疑惑の何が疑惑だったのか

ロス疑惑は、80年代の日本人が、もっとも大きな関心を寄せていた事件である。そして、すぐに忘れられた事件とも言えるだろう。

騒動の発端は1981年11月のロサンゼルス旅行中の日本人夫婦が被害者となった銃撃事件だった。夫の三浦和義は、当時34歳（47年生まれ）。彼は当時、渋谷で輸入家具・雑貨店の「フルハムロード」を経営する青年実業家である。その妻の一美は、頭部に銃弾を受け意識不明となった。三浦自身も足を撃たれ、軽傷を負っている。犯人は捕まらず、事件を伝えるメディア報道は、銃社会アメリカの治安の悪さを報じている。その後、誰もが一旦この事件のことを忘れる。

三浦に再び注目が集まるのは、2年半後のこと。『週刊文春』が「疑惑の銃弾」と名付けた連続記事で複数の疑惑を取り上げる。三浦は、妻に1億5000万円の保険をかけていた。そして、それを妻の実家には伝えていなかった。さらに、妻の死後2か月足らずでモデルと同棲を始めていた。この辺りは、三浦の倫理観を巡るものだが、事件性がある報道としては、元交際相手が失踪を遂げている点を疑惑として報じた。全7回の連載記事。この時点では、警察の捜査の対象にすらなっていなかった。

疑惑を報じていた期間の『週刊文春』の平均実売部数は、66万3000部。平均返品率は6パーセントで「週刊誌史上、空前の記録」だったという（『2016年の週刊文春』柳澤健）。

ワイドショーを通して、小学生に伝わってくるロス疑惑報道は、その字面だけでも大人の世界という印象だった。

フルハムロード（ロンドンの通りの名で三浦が経営していた店舗の名）、赤いソアラ（三浦が乗っていた車）、ペイズリー柄のシャツ、ハンティングワールドのショルダーバッグ、レイバンのサングラス（どれも三浦が身につけていたもの）もどれも強烈な印象を残した。大人がいる場所では、あまり見せてもらえない2時間サスペンスドラマを見るよりうしろめたいものがあった。

途中から加害側の登場人物として出てくる「ポルノ女優」（元妻殴打事件実行犯。ただ映画出演は一作のみだった）の存在、さらに〝ジェーン・ドゥ・88（ロス市警が発見した身元不明の死体）〟という語感にもインパクトがある。

三浦和義の逮捕とオールナイトニッポン

三浦和義の逮捕（殴打事件の容疑での）は、1985年9月11日の深夜だった。一報を聞いて「え、まだ逮捕されてなかったの」と驚いた。「疑惑の銃弾」の連載（第1回）から1年8か月、その間、犯罪者として追いかけ回されていた人物がここで初めて逮捕される。それまで十分犯人のように報道されていたので純粋に驚いたのだ。

その日が水曜日の深夜だったと憶えているのは、「オールナイトニッポン」が急遽差し替えられたからだ。水曜日担当は『週刊プレイボーイ』のフリー編集者・小峯隆生で、逮捕

警視庁により逮捕された三浦和義容疑者　1985年9月11日
銀座東急ホテル地下駐車場　写真：上森清二/アフロ

の速報が入り、そのまま報道特番に切り替わった。この番組を聞くようになったのは偶然で、桑田佳祐の火曜日と間違えたのがきっかけ。水曜一部の前任はTHE ALFEEで、小峯の後任は、小泉今日子、大槻ケンヂ、藤井郁弥と芸能界の人気者ばかり。雑誌の編集者がオールナイト一部を担当するのは異例だった。小峯は、のちに二部に移動し、のちにその枠の後釜としてまだ無名時代の伊集院光が登場（1988年）する。

ロス疑惑においてもっとも重要なポイントは、三浦が無罪だったこと。98年の二審でそれが示された。妻の殺害については無罪。元同棲相手の失踪に関しては証拠不十分で不起訴となった。逮捕から無罪の確定まで13年間かかっている。妻の殴打事件で殺人未遂罪の有罪判決を受けたものの、大騒ぎしたロス疑惑は、結果メディアスクラム事件だったのだ。

騒動から10年以上あとの1998年、三浦無罪の判決（殺人容疑）が出る少し前に島田荘司が『三浦和義事件』というノンフィクションを刊行した。ロス疑惑についてのメディア報道、三浦の視点による事件の全貌、裁判の3つのパートにわけて書かれたもの。事件は半ば風化し、彼方の記憶で、三浦が妻殺しの犯人という思い込みがあったので、この本の結論には驚愕した。無罪の可能性が高いということに触れられているのだ。実際に、この本の後に三浦の無罪の裁判結果が出てきた。

ロス疑惑は、SNSの登場より、はるかに昔の出来事だが、事件の性質としては、ネットの炎上に近い構造を持っていた。衆人環視で誰もが事件の様子を見守るなか、事件関連の新情報が次々と掘り起こされていった。本人がメディアに登場し、反論することでさらにバッシングが強くなった。

当時の三浦は、30代後半だった。彼は、1947年生まれで団塊の世代である。かつて三浦は学生運動に参加して警察に捕まったというエピソードを語っていたことがある。これは嘘だった。実際には、少年院にいたのだ。10代の後半から20代にかけての6年を少年院で過ごしていた。

2008年に三浦は、旅行先のサイパンで現地捜査当局に逮捕され、ロサンゼルスに移送された。アメリカでの事件の裁判がやり直される可能性が高かった。だが裁判が始まらないうちに三浦は自ら命を絶った。三浦和義は、結局、人生の多くを塀の中で過ごした。

ロサンゼルスが「ロス」と略される機会が減ったのと同様、「三浦」という名字から「和義」を思い浮かべる日本人も減ったはずである。

崩壊家族ドラマとしての『北の国から』

『北の国から』は、国民的なドラマとして知られているが、初めからそう評価されたわけではない。スペシャル版がつくられるたびに、純と螢の成長が映し出され、気がつけば誰も放っておけないドラマになっていたのだ。北海道の富良野の変化もずっと見守ってきたドラマで、一種のドキュメンタリーの側面を持ってもいた。

純と螢、役者で言えば、吉岡秀隆と中嶋朋子は、それぞれ1970年生まれ、71年生まれだ。2人は小学校の半ばで東京を離れて、北海道に移住する。最初のシリーズは、1981年10月9日から1年2か月に渡った放送だった。

父の黒板五郎（田中邦衛）は、妻の令子（いしだあゆみ、48年生まれ）の浮気をきっかけに、子ども2人を引き取り育てることになる。彼はそもそも東京での生活に限界を感じている。そして一念発起して、故郷である北海道の富良野（のさらに山間の麓郷という地域）に戻ることを決意をする。新しく住む家は、廃屋となった山間部の木造家屋だった。電気も引かれていない。都会暮らししか経験のない純と螢にとっては驚きの連続。

80年代初頭は、家族の崩壊をテーマにしたドラマや映画が多かった時期でもある。『北の国から』も、都会を離れた家族の話だが、自然の中での子育て、つまり都市化によって一度崩壊した子育てをもう一度、見直すことがドラマのテーマになっていた。また、シングルファーザーによる子育てという側面もあった。

都会から田舎への転校は、僕自身も10歳の頃に経験したので他人事ではなくドラマを見ていた。電気がない生活は極端で、自分の身に起きていたこととはまるで違う。とはいえ、親が決めた強引な移住に付き合わされる純と螢の側の視点で、父親に翻弄されるたいへんな子どもたちのドラマとして見ていた。厳密には、最初のシリーズをきちんと全話見たのは、数年後の再放送の時だ。

『北の国から』は子ども向けのドラマではなかった。過酷な話が冒頭からたくさん登場する。幼い螢が、母親が浮気相手とベッドに入っているところを直に見てしまう場面は、親子で見るにはどちらも困るシーン。いしだあゆみのベッドシーンでハイ・ファイ・セットの『フィーリング』がかかっている。ドラマの重要場面のＢＧＭは、どれも印象深い。

未来を予言するパソコン少年

『北の国から'84夏』の時点では、もう純たちが北海道にきて4年が過ぎている。この辺りから僕自身の視聴もリアルタイムで追いついている。

純と螢が北海道に来て4年が経った夏休みのことだ。中畑のおじさん（地井武男）の家に、純と同年代の甥っ子が東京から帰省してきた。彼は、パソコンを持ち込んで、難しそうなゲームをしている。ゲームの題名は『スターフリート』。シミュレーションゲーム要素とアドベンチャーゲームを混ぜ合わせたもので、当時のゲーム好きにも知られていない無名の作品。少年は、数冊のパソコン雑誌を持ち込んでもいる。『月刊マイコン』『Ｏｈ！ＰＣ』『マイコンＢＡＳＩＣマガジン』など、実在した雑誌の表紙が見える。ゲームも雑誌も、小学生向けではなく大人向け。ただ、当時のパソコン少年であれば、みな当たり前に読んでいた。純の友だちの正吉がその雑誌の一冊を盗み、のちに騒ぎになる。東京から来たパソコン少年は、純と正吉を明らかに見下している。純と正吉はその態度にいらいらしていた。

「買い物もパソコンでできるようになるし、サラリーマンは会社でなくても家からパソコンで仕事ができるようになる」

というのはパソコン少年の台詞だが、かなり正確な未来の予言をさせている。それがわかるのは、今これが実際に実現しているから。当時は、気がついていない。おそらく、日本でも１９８１年にベストセラーになったアルビン・トフラーの『第三の波』に登場した未来像がヒントになったものだろう。

パソコン上でなんでも買い物ができる、会社に行かずとも仕事ができる時代がいつ到来するか。２０００年頃にはほぼ技術的には実現していたとも言えるし、本当に定着するようなレベルになったのはさらに20年後とも言える。多くの日本人が本気で在宅勤務を試みたのは、２０２０年の新型コロナウイルスが蔓延下でのこと。

脚本家の倉本聰は、のちにコンピューターについてのエッセイを書いている。

「僕がコンピューターに手を染めないのは、余計な文明・電力に頼らず、出来得る限り自分の力で最小限の暮らしをしたいという確固たる信念にもとづくもので、20万年前人類がせっかく手に入れたしゃべるという能力、その後につかんだ文字を書くという能力をフル活用して、その後の余計な煩雑無用な代替えエネルギー文明を拒否しようと心に決めたからである」（毎日新聞2016年10月5日、東京朝刊）。

2016年のエッセイである。倉本が反テクノロジー、コンピューター嫌いであることは、『北の国から』のドラマを通し、誰もが気がついていることではある。

そもそも純と螢は、普段はコンピューターどころかテレビすらない山間部の小屋で生活を送っている。ただ、しょっちゅう里まで下りてきて、中畑のおじさんの家のテレビを見ていた。パソコン少年が登場する場面でも、螢たちはテレビで松田聖子に見入っている。テレビで流行っているものに少しでも追い付きたいのだろう。

この東京から来たパソコン少年は、団塊ジュニア世代に向けられた最初のステレオタイプ表現のひとつである。外で遊ぶよりも、家にこもってテレビゲームに夢中になる世代、ひ弱さや無気力などが結びつく世代。そういったレッテルをやや先取りしていた。

ラーメン屋の場面と『SWEET MEMORIES』

『北の国から』の純は、以前から電気に興味を持ち、その延長戦でパソコンが気になっている。また、パソコン少年の「東京ではみんな知っている」の言葉にも引っかかっていた。彼は、まだ東京への思いを引きずっているのだ。それゆえ、父の五郎への反発心を抱え、同時に引け目にもなっている。

こうした純の思いや、北海道での暮らしが思いのほか苦しいと感じていた五郎の思いが交錯する名シーンが『北の国から'84夏』のラストで描かれた。

五郎と純と螢の3人は、駅まで正吉（純たちの幼なじみ。のちに螢と結婚）を見送りに行き、帰りにラーメン屋に寄った。純は自分の卑怯さについて父に告白する。五郎は叱るのではなく、自分の話を始める。「こっちに来て四年、父さんいつのまにか、来た当時みたいなパワーをなくして――いつのまにか人に頼ろうとしていた」と。純と螢も父のそんな姿を見たことがなかったためか、何も言えずに、目の前のラーメンにも手を付けられない。

「すみませんもう店閉めますから」と閉店を告げる店員を尻目に五郎は話を続ける。「時間あるンだから」と店員が純の食べかけのラーメン丼を下げようとしたときに「子どもがまだ食ってる途中でしょうが!!」と五郎は大きな声を上げた。

人のいい五郎が珍しく人を怒鳴った瞬間。話をすること、気持ちを前面に出すことも苦手な五郎は、このときは時間をかけて自分の気持ちを伝えようとしていた。その時間が断ちきられることに五郎は声を上げる。店内のテレビの中では、松田聖子が『SWEET MEMORIES』を歌っている。

ファミコンとホビーパソコンの勢力分布図

コンピューターが日本の家庭に入り込んできたのも80年代のことだ。火加減をコントロールするマイコンジャーの登場が79年。そして、任天堂の「ファミリーコンピュータ」の発売が1983年7月15日のこと。ファミリーコンピュータは、〝家庭〟と〝計算機〟が組み合わされたネーミングで、アップルコンピュータが〝アップル〟と呼ばれるように、ファミコンは〝ファミリー〟と呼ばれてもおかしくなかった。ただ実際にはファミコンと略され、こちらがのちに正式な商品名に変わった。

ファミコンの国内出荷台数の推移を見ると、1984年に165万台、翌1985年に374万台と倍増し、1986年に390万台が出荷されている。ゲームソフトでは、85年に『スーパーマリオブラザーズ』が発売、86年に『ドラゴンクエスト』が発売され、ゲームのヒットとハードの普及が同時だったことがわかる。

発売から3年で約1000万台。これはソニーのウォークマンの3年で330万台（81年11月時点）を上回るヒットだった。団塊ジュニア世代は、そのブームの直撃世代ではある。ただクラス全員がファミコンを持っていたわけではない。まず、主に男子に偏ったブームである。そして、人気を二分していた別のゲームマシンの勢力も実はあった。それはセガでもバンダイでもない。ホビーパソコンは、ファミコンに次ぐ第2の勢力だった。こちらはさらに男の子に偏った趣味でもある。

1万4800円のファミコンと10万以上するパソコンは同列のライバルではないが、どちらも目的としてはほぼゲームを遊ぶための商品だった。当時の主な機種にはNECのPC-6001、PC-6601、PC-8801のシリーズと、富士通のFM-7、FM-NEW7、シャープのX1、X1turboシリーズなどがあった。X1の上位機種がX1turboだったのは、当時の車のシティターボなどを意識してのもの。

ホビーパソコンの機種がたくさんあるのは、各社がばらばらに商品開発を進め、規格統一が行われなかったからだ。このゲームは、この機種でしか遊べないといった制限があり、ゲームの開発元も機種ごとに別の開発環境を用意する必要があった。ソフトメーカーにとってもユーザーにとっても、やさしくない状況ではあったが、ファミコンで遊べるゲームよりも大人向け、ひとりでやりこむ要素の多いゲームが多く、当時、深くゲームにのめり込んだ子たちは、ファミコンよりもホビーパソコンに傾倒していった。

1984年に発売された『ザ・ブラックオニキス』は、ファミコンで『ドラゴンクエスト』が発売されるよりも2年前に、パソコンのゲーム史上で流行した日本初の本格RPGだ。ゲームはウツロの町からスタートし、その町で装備をそろえ、仲間の戦士を集めることができる。町のはずれに墓地があり、墓地の井戸に降りるとダンジョンが広がっている。地下5階に降りていくと、ゲーム内でも最強の巨大イカのクラーケンに遭遇する。ゲーム史に残るパラメータを持つ中ボスだった。当時のゲームは、ゲームバランスの観念が薄く、『ブラックオニキス』をクリアするための謎は、難易度が高かった。「イロイッカイズツ」のヒントを元に、広大なブラック・タワーの地下ダンジョンを壁の色に沿って移動しないとエンディングにたどり着かない。RPGはひとりで遊ぶジャンルだが、雑誌などで得た情報を友だちと交換し、互いの家に通い詰めていた。同じ機種のパソコンを持つ同士がなかよくなる。ファミコンを持つ子の家にもよく行っていた。百貨店のマイコン売り場もこうしたマニアの交流の場になっていた。

松下とソニーが相乗りしたパソコンの統一規格MSX

パソコンの統一規格を実現したMSXが登場したのは1983年。

すでに触れたように、ホビーパソコンの定価は10万円以上。80年頃のパソコンには多目的に利用できる魔法の箱という幻想もあったが、83年頃には実質ゲームくらいしか使い道はないと、誰もが開き直っていた。とはいえ、おもちゃとしては高価だ。MSXはファミコンとホビーパソコンの中間くらいで、当初は、5万〜8万円くらいの価格帯だった。

MSXの規格創設に尽力したひとりに、西和彦がいる。コンピューター雑誌から始まったアスキーの創業メンバーのひとりである西和彦には、パーソナルコンピューターは近い将来、一家に1台レベルで普及するだろうと予測があった。それが80年代前半のことだ。日本の世帯数は、80年代後半に4000万に到達している。つまり、全世帯に届く台数＝4000万台ということになる。それを実現するには、メーカー同士が競合するだけでなく、市場拡大で共闘できる共通規格のパソコンが必要であると西は考えた。

西は、まず話を松下電器とソニーに持ちかけたという。両者はビデオの規格VHSとベータマックスで争っていた頃。さらに日立、東芝、三菱、富士通、三洋、日本ビクター、パイオニア、京セラ、キヤノン、ヤマハらの参画を取り付ける。プロジェクトの始まりが

1983年の年明けで、その年の6月にはMSXが発表される。当初は、NECの名前もあったが、のちに離脱している。すでに牙城が築かれているNECが参画するメリットは薄かった。

ソニーのMSX用のブランド名は「HitBit」で、広告には、松田聖子が起用されていた。東芝の場合は「PASOPIAIQ」のブランドで広告には岡田有希子が起用された。ソニーも東芝も、自社グループの命運をかけ、自社の系列レコード会社のアイドルを起用していた。レコード会社、芸能事務所、系列の電器屋、すべての上に家電（及びオーディオ）メーカーが君臨していた。それが戦後の日本社会の構図だったのだ。

このように書くとまるで当時のMSXが国産メーカーの大連合で生まれた国産規格のようだが、基本となるプロセッサーは、アメリカのザイログ社のZ80シリーズ。MSXの上で動くコンピューター言語はマイクロソフト社のベーシック。ザイログもマイクロソフトもアメリカの会社である。西和彦も当時、米マイクロソフトの極東営業担当の副社長。創業者のビル・ゲイツ、ポール・アレンに続く、ボードメンバーでもあった。

とはいえ、ソニーと松下が協力して挑むパソコンの共通規格には期待が大きかった。だが、MSXはそれほどの成功にはならなかった。当時の大手3社、NEC、富士通、シャープが早期撤退もしくは参入せず、結果としては、〝弱小連合〟となった。さらに、性能が低くてゲーム以外の使い道がなかったのだ。しかも、ゲームの絵やキャラクターを動かす性能としては、ファミコンのほうが上だった。84年の時点でカシオが激安のMSX、定価を2万9800円（のちに1万9800円）に下げた機種を投入し、予測を超えた価格競争も参入他社の利ざやを減らし、陣営全体の減退ムードを呼んだ。

MSXの各社の累計販売台数合計は、国内300万台、海外で100万台（『反省記』西和彦）だという。西が掲げた、全世帯4000万台という野望にはほど遠いとはいえ、思った以上に成功しているとも言える。西は、子ども時代にパソコンに触ったきっかけがMSXだったというプログラマーの声を、のちに数多く耳にしたともいう。当時のユーザーが思っていたよりも、MSXは健闘していたのだ。

グリコ森永事件と劇場型犯罪

「グリコの せい品に せいさんソーダ いれた」「グリコを たべて はかばへ行こう」

1984年の5月10日、「かい人21面相」を名乗る犯人からの手紙が新聞各社に送り付けられた。毒入りのお菓子をばらまくという犯人からの脅迫文。のちにグリコは、自社製品を店頭から引き上げる対応をする。9月には、森永製菓にも飛び火し、10月に兵庫県内のスーパーやコンビニをはじめ、４府県16箇所で実際の青酸ソーダ入りの森永の製品が発見された。

グリコ森永事件の頃、73年生まれは小学校の５年生。お菓子の消費者として団塊ジュニアは、グリコ森永事件に巻き込まれたことになる。一般に、まだ新聞やテレビのニュースへの関心が薄い年代だが、この事件に関しては別だった。犯人が名乗った「かい人21面相」にも惹きつけられた。

当時はちょうど関西テレビ制作のテレビドラマシーズ『怪人二十面相と少年探偵団』の放送中だった。オリジナルの少年探偵団シリーズは、戦前に描かれたもので、１９６０年代から始まる少年探偵シリーズの復刊によって乱歩の少年少女向け小説は、広く読まれていたが、ドラマはまた現代風にアレンジされている。原作の小林少年は自動車を運転するのだが、ドラマの少年団たちは、自転車でいつも二十面相を追跡していた。いつも怪人二十面相をぎりぎりのところまで追い詰めるが、うまく逃げられてしまう。

現実のグリコ森永事件において警察は、現金受け渡しのタイミングなど幾度か犯人との接触寸前までいっているが失敗している。「かい人21面相」は、それをあざ笑う挑戦状を送りつけてきた。

犯人が最初に送ってきた挑戦文は、こういうものだった。

けいさつの　あほども　え
おまえら　あほか
人数　たくさん　おって　なにしてるん
プロ　やったら　わしら　つかまえてみ
ハンデー　ありすぎ　やから　ヒント　おしえたる
江崎の　みうちに　ナカマは　おらん
西宮けいさつ　には　ナカマは　おらん
水ぼう組あいに　ナカマはおらん
つこうた　車は　グレーや
たべもんは　ダイエーで　こうた
まだ　おしえて　ほしければ　新ぶんで　たのめ
これだけ　おしえて　もろて　つかまえれん　かったら
おまえら　ぜい金ドロボー　や
県けいの　本部長でも　さろたろか

犯人が4月8日に犯行声明、警察への挑発の目的で産経新聞、毎日新聞に送りつけたものである。ちなみに犯人が初めて「かい人21面相」を名乗るのは、2度目の挑戦状のときだった。その後、犯人は「全国のファン　の　みなさん　え」と題した挑戦状も送ってくる。犯人グループは、自分たちが注目される存在であると意識し、報道メディアも掲載してくれると見込んだ上でこれらの行動を行っている。つまりメディアも犯罪の一端を担ってしまっていた。のちには劇場型犯罪（赤坂憲雄による命名）という呼び方もされるようになる。

一般に「グリコ森永事件」と呼ばれている事件だが、この名称は、必ずしも事件の全体像を表してはいないところがある。警察が情報を公表せずに捜査を進めていたせいだ。グリコと森永だけでなく、その他の食品企業などにも脅迫の手は及んでいた。それをふまえれば「連続企業脅迫事件」であるが、グリコ森永事件として定着した。このネーミングのキャッチーさが、事件の注目度を高めたところもあるだろう。

そもそもの事件の始まりは、1984年3月に江崎グリコ社長の自宅に押し入り、誘拐監禁に至るという直接的な暴力をともなうものだった。犯人グループには、陰惨で暴力的なところがあるが、メッセージの文体とユーモアによって、それは隠されていた。

「かい人21面相」は、なぜ「怪人」ではなかったのか

脅迫状、挑戦状の中で、犯人たちは、ひらがなを多用していた。「かい人」以外にも、「せい品」や「はかばへ行こう」「けいさつの　あほども」などの表記が多い。

これには理由がある。脅迫文には和文タイプライターが使われていた。和文タイプはワープロが普及するはるか以前から使われていたもので、犯人が使っていたと特定された「パンライターP45」は、約2000の活字を1字1字拾って文章を作り上げる印刷用機械だ。主に清書用で、これで漢字を使って文章を書くのは手間がかかった。ひらがなが多用されたのはそのためだ。

「昭和という時代をふり返ってみても、これほど手のこんだ、そしてマスコミを巧みに使い、警察内部にも通じていて、この時代の人びとの感情を利用する犯罪はなかった」と昭和史研究者の保阪正康が指摘している（『「檄文」の日本近現代史　二・二六から天皇退位のおことばまで』）。

グリコ森永事件と同時期、直後には、模倣犯がたくさん生まれたという。ただ、模倣犯の98件のうち67件が逮捕に至っている。グリコ森永事件の犯人グループは、いとも簡単に警察の裏をかき、逃げ回っていたように見えるが、誰もが真似できるような性質の犯罪で

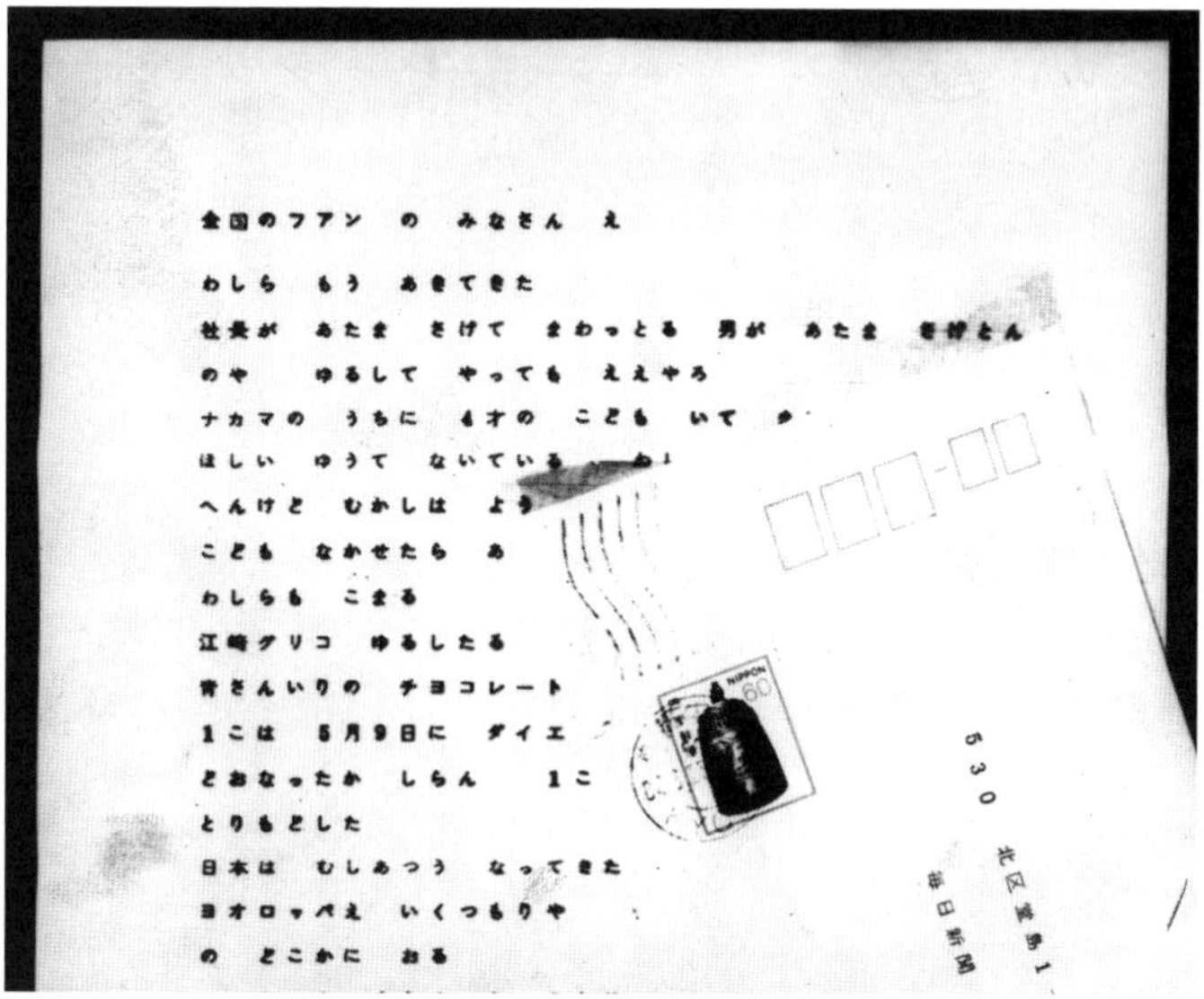

グリコ森永事件
犯人グループから毎日新聞大阪本社に送られてきた江崎グリコへの脅迫終結宣言
1984年６月26日　写真：毎日新聞社/アフロ

はないということ。

事件は迷宮入りし、2000年にすべての事件で時効が成立した。犯行が、金銭目的のものだったのか、または怨恨から始まったものだったのか、真相はわからないまま。最後に事件の終結宣言を送りつけているが、そのラスト一文は、「悪党人生　おもろいで」というものだった。これが送りつけられたのは、85年の8月12日。日航機墜落事故の当日だった。

日航機墜落事故、生存者の12歳の少女

NHKが午後7時のニュースの最後に「ただいま入ったニュースです」と東京・羽田空港発大阪・伊丹空港行のジャンボジェット、日航機123便との通信が途絶えたニュースを伝えた。各社が同じ報を伝えるが、詳細はすぐには出てこない。当時僕は、小学生の最後の夏休み。金沢の母親の実家に帰省していた頃だ。消息が途絶えた第一報以降の情報が入ってこないという不穏さをはっきり記憶している。

事態が明らかになったのは翌朝のことだった。地上から向かった自衛隊の捜索隊の到着よりも、報道のヘリからの一報が先だった。テレビカメラを乗せたヘリコプターがあらゆる捜索隊よりも早く到着し、上空からの現場の様子を映し出した。一般には御巣鷹山とし

て記憶されているが、高天原山の尾根である。85年の8月12日のこと。

墜落した機体は、原型をとどめていなかった。だが、4名の生存者が発見される。しばらくして現場から、26歳、34歳女性と8歳の女子小学生の母子、そして12歳の少女が救出されたと伝えられる。絶望しか感じられない状況の中でのかすかな希望を伝えるニュース。その後、ヘリコプターに吊るされて救助される12歳の少女の映像は、何度も繰り返しテレビで流された。自分と同じ年の救助者がいたことは、この事件の中でも強烈な印象のひとつだ。だが、この4人以降、救助者の報道はなかった。

犠牲者は520人。単独事故での世界最悪規模の航空機墜落事故だった。当時の報道メディアは、犠牲者520名の年齢、居住地、飛行機に乗った経緯まで取材して調べて公開した。事故の原因究明とは別に、被害者たちの背景を伝えることで、事故の悲惨さ、個々の犠牲者たちの物語を伝えたのだ。12歳の少女のその後については、もっとも注目が集まった。入院中の話、その後の日常に戻っていく経緯なども伝えられたが、プライバシーの一線を越える報道になった部分もあったのだろう。表に出てくる機会は減っていった。

報道メディアが、被害者たちの詳細な人生を伝えるようなジャーナリズムのあり方は、それなりに変化した。2019年の京都アニメーション放火殺人事件では、被害者の実名報道は問題視された。事件後に被害者の家族を多くの報道陣が取り囲み、大きな声で話を聞こうとする態度が批判された。また、被害者の生前の人生に触れることについても、プライバシーの侵害なのではないかという声も発せられた。

24時間営業の資本主義

団塊ジュニア世代は、コンビニのファースト世代でもある。中学校に上がる頃に、身の回りにコンビニが急速に普及した実感がある。

コンビニエンスストアの最大手、セブンイレブン全店舗の半数以上が24時間対応になったのが１９８５年のこと。セブンイレブン１号店は74年（江東区の豊洲）だから、登場からはおよそ10年かかっている。

「あたかも「未知との遭遇」のＵＦＯや「ブレードランナー」の広告機のように、闇の市街に煌々と浮かび上がる商品の不夜城が出現」（『80年代の正体！』別冊宝島）とコンビニを評したのは評論家の浅羽通明である。コンビニは新しい都市文化で、資本主義を体現する存在。85年当時、コンビニは、そんな存在として捉えられていたのだ。

浅羽が注目したのは、セブンイレブンの「ケイコさんのいなりずし」という85年のＣＭだった。ケイコさんは、ひとり暮らしの女性でマンションの一室に住んでいる。

「それはもう食欲とかそんなことではなくて」とケイコさんは夜中に突然いなりずしで頭がいっぱいになってしまう。浅羽は、ケイコさんが〝食欲〟を否定しながらいなりずしを買おうとする姿に資本主義の影を見る。ではなぜケイコさんはいなりずしを買ったのか。浅羽は「精神の揺らぎ」だという。現代から見れば大げさな話だ。いなりずしくらい誰でも思いつきで買う。

CMがその時代の風俗を映し出しているのは確かだ。マンションでのひとり暮らしは80年代に増えたもの。そして、部屋には、なぜかジュークボックスが置いてある。エンドレスでレコードがターンテーブルにかけられる。これは延々と欲望が提供されている図にも見える。音楽のサブスクリプション時代から見れば、ごくふつうの光景ではあるのだが。

1990年に『ウッチャンナンチャンのコンビニエンス物語』というドラマがあった。舞台は深夜のコンビニ。ウッチャンナンチャンの2人はコンビニの店員である。深夜にさまざまな人々が食品を買いに訪れ、ちょっとした交流がドラマになっていく。ドラマのラストで内村が多くの人々が地方から出てきて、夜中に働き、コンビニに寄ることに思いを巡らせている。コンビニは都会のオアシスとして登場した。

一方、四半世紀後、2016年の村田沙耶香の小説『コンビニ人間』は、コンビニによって〝正しい部品としての人間〟になる主人公の話である。大学時代から始めたコンビニバイトで、挨拶や表情の作り方を教わり、店員らしい服装と髪型に整えられていく主人公は、コンビニによって人間らしさを身につける。

評論家の浅羽がかつてコンビニに見いだしたものは、資本主義の時代の欲望を叶える場としてのコンビニだ。マルクスの「疎外」は、人間らしさを奪われることを指す用語だが『コンビニ人間』は、一周回って、コンビニが人間らしさを生み出すのだ。

80年代に話を戻すと、団塊ジュニア世代にとっては、コンビニは、買い食いの場所だった。80年代後半にコンビニは、郊外に広がった。中学生になると塾に通い始めるが、その行き帰りにコンビニがあり、そこで空腹を満たしたり、別の塾に通う友だちと待ち合わせたりする。いわゆるコンビニでのたむろ。

それを新しい消費のあり方として『団塊ジュニア15《イチゴ》世代白書』（辻中俊樹編、文化放送／（株）ネットワーク著）は、アンケート調査を実施していた。「15歳世代」は、88年当時の15歳のこと。つまり73年生まれがその調査の対象だった。月平均で男子6・3回、女子5・5回、コンビニが利用されていたという。コンビニネイティブ世代＝団塊ジュニア世代と言っていい。

おニャン子クラブの最年少メンバーは何年生まれか

フジテレビの『夕やけニャンニャン』は、1985年4月1日に放送がスタートした。司会はまだ若手の頃のとんねるずである。この年の7月に『セーラー服を脱がさないで』でおニャン子クラブはレコードデビューする。

当時の彼女たちは主に高校生、または大学生。メンバーの人数は多いが、年齢の幅は狭い。主力メンバーの生まれ年は、新田恵利（68年）、国生さゆり（66年）、河合その子（65年）、高井麻巳子（66年）、永田ルリ子（67年）、岩井由紀子（68年）、吉沢秋絵（68年）、渡辺美奈代（69年）、工藤静香（70年）である。つまり、団塊ジュニア世代のちょっと上くらいの世代に固まっているのだ。

ちなみに、おニャン子クラブの最年少は、1971年生まれの杉浦未幸、宮野久美子、山崎真由美、吉見美津子といったメンバーたちで、ぎりぎり団塊ジュニア世代の入り口世代。とはいえ、末期加入メンバーたちの知名度は高くない。

おニャン子クラブの登場が、80年代女性アイドルの状況を大きく揺るがす。素人同然の学生たちがテレビに出てきて、デビューし大ヒットする。それで飽きられても、次のメンバーやユニットが登場してきて、またヒットする。おニャン子クラブは、焼き畑農業的である。80年代前半に活躍したアイドルたちの顔ぶれが、この時代に大きく入れ替わる。

おニャン子以降は、一般にアイドル冬の時代とされている。団塊ジュニア世代のアイドルは、主におニャン子時代以降にデビューしている。名前を挙げると、高岡早紀、石田ひかり、西田ひかるらが72年生まれ。中山忍、島崎和歌子、藤谷美紀、小川範子らが73世代である。74年早生まれに、高橋由美子と後藤久美子がいる。

90年代に活躍する東京パフォーマンスドールの中心メンバーは、73年生まれが多い。米光美保、篠原涼子、川村知砂が73年。市井由理（72年）、穴井夕子（74年）も同世代。

また、モーニング娘。の初期メンバーである中澤裕子が73年生まれだ。こうして見ると「アイドル冬の時代」といえども、並んでいる面々を見るとそれなりに豊作だったのだ。

とんねるずはなぜ高卒を売りにしたのか

1985年はとんねるずのブレイクの年。まだ若手にもかかわらず、大物芸能人にものおじしないのが彼らの売りだった。当時のとんねるずが売りにしていたのは、高卒という最終学歴である。

俺達ゃ帝京だ
言いたかねえけど（自慢じゃねえけど）
卒業生
俺達ゃ高卒だ
自慢じゃねえけど
字を知らねぇ

（『とんねるずのテーマ』作詞：秋元康、作曲：見岳章）

1985年の4年制大学進学率は男子38・6パーセント、女子では13・7パーセント。女子が低いのは、短大進学者が多かったから。当時の、男女合計の4大進学率は26・5パーセントである。

まだ社会の多数派は高卒である。だが、この頃から4大卒が当たり前という学歴至上主義の風潮が生まれていたのだろう。

では、なぜとんねるずはデビュー当時、高卒であることを強調したのか。思い当たるのは、大学のブランド化時代である。1984年刊行の『金魂巻』は、㊎、Ⓑで世の中を二分した職業図鑑だった。もちろん、その状況をパロディにしている。着る服や持ち物だけでなく、会社や大学まであらゆることが〝ブランド化〟される時代への皮肉。とんねるずも、似たようなところがある権威の対象をパロディにする。『とんねるずのテーマ』が入っているアルバム『成増』は、小学生の当時、僕がもっとも頻繁に聴いていた音楽だが、ここでパロディにされている対象が、矢沢永吉、松山千春、プリンスだということを知るのはのちの話。

4大への進学率が伸びていたのは、70年代のこと。80年代は全般としてやや下がっていた時期。とくに団塊ジュニア世代が受験年齢に差し掛かる80年代後半に4大進学率が下がっている。つまり、団塊ジュニア世代の大学進学率は、とんねるずの世代よりも実はやや下がる。当時の小中高生は、とんねるずが大学に行っていないのであれば、自分も無理に行くことはないな、と思ったはずである。

73年生まれが18歳になる91年の男女合計の4大進学率は、25・5パーセントである。男子34・5パーセント、女子16・1パーセント（女子の短大は23・1）。この世代の人口増加に、大学の枠の増設が間に合っていなかった。もしくはその後に訪れる人口減を見据えたところもあるだろう。枠を増やしたところで、その波を越えれば、今度は減少の波が始まる。実際に団塊ジュニア世代が受験期を通過したあとに4大進学率の上昇が見られる。

バブル期に東京にきた純の就職とピン札

『北の国から』の話の続きである。1984年のドラマでは小学生だった純だが、3年後の『北の国から'87初恋』では、就職という話になる。純は、地元の高校に行くのではなく、東京での就職を選ぶ。やはり東京への思いが強かったのだ。当時の小・中学生は、純が高校に進学しなかったのだから、自分も、とは思わなかっただろう、それはそれ。

当時の高校進学率は、94・3パーセントだから。純の選択は、当時としても少数派である。純の上京手段は、東京行きの運送トラックの助手席への相乗りだった。このぶっきらぼうなトラック運転手を演じていたのは古尾谷雅人。ドライバーは、東京まで純を送ったのちに、父の五郎から謝礼としてもらっていた2枚の札を純に返す。「オラは受け取れん」。札はピン札だが、そこに泥がついている。彼は、五郎が苦心して稼いだ金だということを察していた。純は涙をこぼしながら父と妹の螢との富良野での暮らしを思い返す。

当初、純が勤め先に選んだのは、東京の自動車整備工場である。先輩たちからは小突かれ、大事な泥のついたピン札まで盗まれた。純は、傷害事件を起こす。

思い描いていたのとは違う東京だっただろう。87年は、バブル期である。トレンディードラマ全盛の時代の中で、純だけが、つらい思いをしていたのだ。

ちなみに最初の勤め先はすぐに辞めることになったが、このときの純の自動車修理工場への就職という選択は、悪くなかったはずだ。電気工作が得意で、機械への関心を持っていた純らしい選択。手に職をつけたいという意識もあったはず。小規模の工場の収入は高くはない。だがこの先の時代まで見据えている。新車の販売台数は、このあとの1991年にピークを迎え、右肩下がりになるが、自動車の普及台数は、まだ伸び続けた。

高卒か予備校か『ツルモク独身寮』『冬物語』

団塊ジュニアは、バブルの波には乗り遅れた世代ではあるが、高校卒業の時点で就職を選んでいれば、ぎりぎりその波に間に合っていた。

『ビッグコミックスピリッツ』で1988年から連載が始まった窪之内英策の『ツルモク独身寮』は、当時の人気漫画作品のひとつ。四国の田舎の高校を卒業した主人公の宮川正太は、東京のツルモク家具に就職する。

バブル期のトレンディーラブコメとして人気のあった作品だが、舞台は家具工場の独身寮で、主人公は高卒のライン工だった。まるで時代の先端の職業を描こうとしてはいなかったのだ。東京といっても都心からは距離のある郊外にある工場である。周囲には遊びのための施設もない。彼らは、休みの日に都心まで遊びに行く。先輩は東京に出かける用に肩パッドの入ったソフトスーツを持っている。彼らの生活の中にも、少しだけバブルの影響があった。

正太の初任給は、手取りで12万円。当時の高卒初任給の平均に近い数字だ。高卒初任給が15万円台を上回るのは、バブル後のさらにあとの90年代になってからだった。女性となるとさらに10年ほど遅い。

同じ時期に『ヤングサンデー』では、予備校での浪人の生活を題材にしたラブコメが連載されていた。原秀則の『冬物語』である。連載期間は1987～90年。こちらは、高校を卒業したが、大学の受験に失敗し、浪人生活を送る森川光が主人公である。

光は、受験した大学のすべてに不合格となった。大学への進学を軽く考えていた光は、現実を突きつけられる。予備校の願書の申し込みに出かけるのだが、ここで、2人の気になる女の子に出会う。

東大受験コースに申し込みに来ていた優等生タイプのしおりと、私大文系コースですでに2浪目に突入していた朗らかな奈緒子である。光は、身の丈に合った日東駒専合格コースを申し込むつもりで予備校に来たのだが、見栄を張り東大受験コースへの申し込みを行い、のちに後悔する。

光は、受験する大学のレベルに分かれてコースが細かく設定されていることもろくに知らなかった。また「日東駒専」がすべり止めの定番だったのは過去の話で、今や中堅校になっているなど、受験のリアルな知識が示される。予備校生活を気楽に捉えた作品かというと、むしろシビアなものに描きすぎて、人気が出なかったのだろう。これ以前も、ラブコメに浪人生は描かれた（『めぞん一刻』高橋留美子、『みゆき』あだち充）ことがあったが、ここまで実践的な話ではなかった。『冬物語』は、ラブコメを兼ねた受験のハウツー漫画だった。

『タッチ』の新田明男の最後の台詞は何だったのか

『週刊少年ジャンプ』1986年6月9日26号、ラオウが「わが生涯に一片の悔いなし‼」と叫んで死ぬシーンは、『北斗の拳』（原作：武論尊、作画：原哲夫）の屈指の名台詞。2人の戦いは、長くてすさまじいものという印象があったが、読み直してみると実は長くてもコミックス2巻分。割かれたページで言うと、実質1巻分に満たないくらい。「わが生涯に一片の悔いなし‼」の台詞まであっという間である。むしろ、誰もがこれで終わりと思った物語が、ここからのちにも延々続くことに落胆したのを思い出した。

一方、同じ年にあだち充の『タッチ』（『週刊少年サンデー』86年11月12日）が最終回を迎えている。試合が描かれたのは地区予選まで。最後のコマで甲子園優勝の盾が描かれている計算された見事なラスト。

主人公・上杉達也のライバル、新田明男の最後のセリフは、どういうものだったか。地区予選の決勝戦で空振り三振を喫した新田は、「わが生涯に一片の悔いなし!!」ではなく、「負けるなよ。上杉和也に」という台詞を言う（コミック25巻）。達也は死んだ双子の弟の思いを背負って投げている。この先の勝負（つまり、浅倉南との恋愛の話）は自分で付けろよという達也へのアドバイス。地味だが大人の台詞。

翌年、高橋留美子が『ビックコミックスピリッツ』で連載していた『めぞん一刻』が最終回を迎え、8年の連載を終えた（87年4月20日号）。『めぞん一刻』は、主人公のラブストーリーと同時にアパートに住む個性的な住人たちによるドタバタが描かれるラブコメである。最後は五代君と響子さんの関係がどう落ち着くのかはともかく、どう物語を終わらせるのかが気になった。物語の序盤では予備校生だった五代も、二転三転して保父としての人生を歩み始めている。ただ他の登場人物たちの時間軸は止まったまま。成長するのは、1号室に住む、一の瀬さんの息子、賢太郎くん。脇のキャラだが作中で唯一の団塊ジュニア世代の登場人物だろう。推定だが、1971年に生まれていてもおかしくない。

90年から『週刊少年ジャンプ』で連載が始まる『SLAM DUNK』。全31巻の長編である。主人公の桜木花道が4月の高校入学と同時にバスケットボール部に入部する。そして、7月のインターハイ2回戦での山王工業との対戦までの4か月の出来事。団塊ジュニア世代の高校時代に連載が始まっている。

正式な設定ではないが、92年のインターハイであるという描写が出てくる。その大会に1年生で出場している桜木は、76年生まれと考えられる。3年生の赤木剛憲、三井寿らは74年生まれの可能性がある。

末期ソ連の文化輸出品だった『テトリス』

1986年4月26日、ソビエト連邦のチェルノブイリで原子力発電所の事故が発生する。チェルノブイリの場所は、現代のウクライナ。2022年のウクライナ侵攻の中で、一時的にロシア軍がこの場所を占拠し、かつて聞いた名前を再び耳にした。首都キエフがキーウと呼ばれるようになったように、ウクライナ語で、チョルノービリと呼ばれるようになっている。

チョルノービリの原発事故の規模、危機がどのくらいのものなのか、世界中は困惑したが、それは当時のソ連の指導者のゴルバチョフにしたところで大差はなかった。のちに米国のＨＢＯなどが制作したドラマの『チェルノブイリ』（２０１９年）は、当時起きたことをのちの検証や証言を含めてドラマ化したものだが、現場の管理者や研究者たちは、自分の責任が問われることを恐れ、事実とは異なる報告をした。さらにそれは間違った形で所長や官僚たちに伝わり、ゴルバチョフにまで伝わる。硬直した官僚組織で、事実を事実として伝えることは難しい。

チョルノービリの原発事故とちょうど同じ頃に、東側諸国の研究者の間でとあるコンピューターゲームが流行していた。のちに『テトリス』として世界的に知られるようになるゲームである。当時のハンガリーを経由してイギリスの流通業者の目に止まり、西側の諸国に広がっていく。

ゲームの作者はアレクセイ・パジトノフという人物だった。ただ、当時のソ連には、ゲームどころかソフトウェア流通機構もその知識もない。そもそも、パジトノフが海外の企業とライセンス契約をする自由もない。

パジトノフは当初、ゲームソフト会社からのオファーへの返答に官僚の許可を必要とした。担当部局は、ソ連外国貿易協会〝ＥＬＯＲＧ〟（『テトリス・エフェクト』ダン・アッカーマン）だったという。

だがソ連はチョルノービリの事故後で、体制が変わりつつあった。自由経済化を示す政府の方針の中で、ライセンスの許可を巡る書類を、自分のところで止めることを恐れた官僚たちは、『テトリス』のライセンス契約をスムーズに許可し、『テトリス』は自由なソ連の最初の文化輸出品、そして恐らくこの規模としては、最後の輸出品となった。

ビートルズの全アルバムCD化はなぜ遅かったのか

1987年2月27日、ビートルズの初期アルバム4枚が初めてCD化されて世界同時発売。以降、全アルバムのCD化が進められた。1982年のCD誕生から5年後のこと。ビートルズは、解散後も再ブームが何度も訪れており、8年間の活動期間よりもはるかに長い期間が経過しながら、常に新しいリマスターや再イシューが生まれ続けている。活動休止以後のビートルズでもっとも重要なイベントのひとつが、87年のCD化、カタログの一本化だった。

彼らの初期アルバムは、モノラル、ステレオの両バージョンがつくられ、使用されたテイクも違っていた。また、各国で独自の編集盤がつくられてもいる。例えば、日本での彼らのデビューアルバムは、『ミート・ザ・ビートルズ』だが、これは日本の独自編集のベスト版で、タイトル、デザインは、アメリカ盤『ミート・ザ・ビートルズ』が使われていた。87年のCD化のタイミングで、『ミート・ザ・ビートルズ』は一旦、廃盤となる。ビートルズの正規アルバムは、当初イギリスで発売されたものに統一され、カタログとして一本化される。

この作業には、ビートルズの全作品に関わっていたプロデューサーのジョージ・マーティンが関わっている。このタイミングでミキシングに一部手も入れているという。彼らの活動時期は、録音テクノロジーの変革期と重なる。初期は一発録りの時代、後期は多重録音、テープ編集の手法が確立されている。活動時期は8年ほどだが、まるで違うバンドに変化したのだ。

73年生まれは、まさにビートルズの活動休止後に生まれた世代。そして、親世代に当たる団塊の世代は〝ビートルズ世代〟とも呼ばれる。

僕の父親は、それなりのオーディオマニアだった。時折シールド（コード）を買い換え、BOSEのスピーカーが天井からつるされており、大きなアンプとオートマチックのレコードプレイヤーなどが並ぶステレオセットを持っていた。

我が家に初めてCDプレイヤーが導入されたのは87年。ビートルズの初期アルバムのCDと一緒に、父親がCDプレイヤーを買ってきたのだ。当時の父親は、この期に及んでもCD

プレイヤーの導入は時期尚早と思っていたようで、本格的なものではないポータブルのプレイヤーを買ってきた。本格的なデジタルへの移行の時期は、もっと先と踏んでいたのだ。

いわゆる〝第一次オーディオブーム〟が、1960〜70年代にかけて起きた。父親の世代が、若者だった時代。ビートルズの活動時期とも重なっている。オーディオマニアは、主にジャズやクラシックのリスナーだっただろうが。そして、第二次オーディオブームは、CDの登場以降のこと。73年世代が、中学生となり、ポップミュージックにもっとも強い関心を奪われる年代が、80年代後半のことである。

同年代は同じ経験をしていると思うが、小学生の頃に父親からレコードの扱いと、再生の仕方を教わった。盤面を傷つけないようにレコードを扱い、きちんと針を上げてからA面とB面をひっくり返す。我が家のターンテーブルは、再生位置は自動で判別するタイプだった。

小学校の5、6年生、及び中学1年生までは、まだ貸しレコード屋の全盛期だ。中学2年生のときに、急にCDが増えて、レンタルCD店となる。この転換点は、87年だった。アメリカでの数字だが、CDとアナログレコードが拮抗していたのが1986年（CD20パーセント、LP・EP21・2パーセント）。それが翌1987年に逆転する。

教科書と雑誌とレコードジャケットが鈴木英人だった80年代

子どもの頃に所有していたレコードで記憶に残っているのは『およげ！たいやきくん』（子門真人）や人形劇の西遊記のテーマ曲だったザ・ドリフターズの『ゴーウェスト』である。自分のおこづかいで最初に買ったレコードとなると、これらよりずっとあとのことで、チェッカーズの『絶対チェッカーズ‼』（1984年7月21日発売）である。レコードではなくカセットテープだ。

レコード盤の時代は、カセットテープの時代でもある。同じアルバムでもカセット版のほうがやや安かった。

カセットテープには、自分の部屋で聞くものという印象がある。小学校4年生のときに、父親から譲られたカセットデッキが最初に自分の部屋に置かれたオーディオ機器だ。その後、ポータブルラジオ、ラジカセを手に入れ、CDラジカセ、ミニコンポと変わっていく。CDラジカセを手に入れたのは、中学3年生だから88年。

僕がエアチェック少年だったのは、中学時代である。FMのラジオ番組を録音し、好きな音楽だけを詰め込んだ編集カセットテープをつくるのがエアチェックである。エアチェック好きは皆、FM雑誌を買って、そこに載っていたラジオの番組表をチェックしていた。

その全盛時代（１９８０年代全般）には、ＦＭ雑誌４誌が競合していた。『ＦＭステーション』の創刊は１９８１年である。だがこれは、ＦＭ雑誌の中では最後発。すでに『ＦＭ Ｆａｎ』『週刊ＦＭ』『ＦＭレコパル』らが存在しており、どちらも80年代には「軒並み二十万部以上」の部数を誇っていた（『『ＦＭステーション』とエアチェックの80年代』恩藏茂）という。各誌それぞれに、クラシック・ジャズ好き向け、オーディオマニア向け、ニューミュージック寄りなど読者の傾向が違う。『ＦＭステーション』は、イラストレーターの鈴木英人による表紙が最大の売りだった。付録も鈴木のイラストのカセットラベルだった。『ＦＭステーション』の部数のピークは、85年頃で約50万部である。

当時、英語の教科書『ニューホライズン』の表紙のイラストレーターが鈴木英人で『ＦＭステーション』と同じというのは、中学生の頃の記憶。鈴木英人の『ニューホライズン』時代が84～86年と短期間だった。僕は中学1年生でぎりぎり。ちなみに、山下達郎の『FOR YOU』（82年）『COME ALONG』シリーズのジャケットも同じ鈴木英人である。教科書と雑誌とレコードジャケットのイラストレーターが同じ。80年代らしいエピソード。

FM雑誌はいつが全盛でいつ終わったのか

85年の『FMステーション』（No.18）に、当時の読者の日常生活を取り上げた記事がある。21歳の大学生〝石原さん〟のお部屋紹介ページである。石原さんは、FM情報誌の番組表を参考に、一週間の録音スケジュールをノートに書き写すのだという。ラジオから流れる音楽をカセットテープに録音する。そして、のちにテーマづけしたり、好きなアーティストだけをまとめたり、自分だけの編集テープを作る。

趣味の本編はここからだ。カセットに「インレタ」でタイトル入りのラベルをつくる。インレタは、鉛筆などでこすって貼るタイプのシールで、アルファベット、数字、カタカナ、ひらがな、さまざまなフォントのバリエーションもあり、文具屋やレンタルレコード店のテープ売り場などに売っていた。

ちなみに石原さんの所有カセット総数は約250本。これがラックに並ぶ。大量に思えるだろうが、当時このくらいのテープを保有する者は、男女問わず（年齢も10代から40代くらいまで）いくらでもいただろう。エアチェックは、雑誌が存在したことからもわかるように特殊な人々の間の趣味ではなく、当時は中学生から大人まで誰でもやっていた趣味だった。

石原さんは、その3年前に15万円のミニコンポを購入したという。つまり、レコードプレイヤーやアンプ、スピーカー、カセットデッキといった音楽再生のために装置をワンセットにしたコンポーネントステレオセットのことだが、触れておかなくてはならないのがタイマーである。当時のステレオセットには、レコードプレイヤーとカセットデッキは別の装置。ラジオ用チューナーも別の装置。それらとは別にアンプが必須。そして、エアチェック用には、さらにタイマーの装置も必要だった。タイマーでセットした時間に電源が入り、押しっぱなしにセットしたデッキの録音が始まる。不在時にエアチェックをするのは、今思い起こしても煩雑である。

80年代末頃にCDレンタルが普及すると同時にエアチェックは衰退を始める。ラジオのエアチェックの手間に比べ、CDからカセットテープへのダビングは楽だった。曲順を編集する機能も、当時のCDラジカセは、曲順編集を楽にする機能が付いていた。エアチェックを趣味とする人が減ると同時にFM雑誌の存在意義もなくなった。

FM雑誌は、90年代になって休刊ラッシュの時代を迎える。91年に『週刊FM』が休刊した。そして、『FMレコパル』は内容をオーディオ情報に寄せた『レコパル』に誌名変更されたのちの95年に休刊。『FMステーション』『FM Fan』も98年、01年に休刊した。

芸能人の結婚式生中継時代

1980年代の芸能人の結婚式は、テレビで大規模に生中継が行われるものだった。当時の芸能人の結婚式中継の視聴率ランキングはこんな具合である。

1．郷ひろみ&二谷友里恵、1987年6月12日、47・6パーセント、新高輪プリンスホテル
2．森進一&森昌子、1986年10月1日、45・3パーセント、新高輪プリンスホテル
3．渡辺徹&榊原郁恵、1987年10月14日、40・1パーセント、高輪プリンスホテル
4．神田正輝&松田聖子、1985年6月24日、34・9パーセント、ホテルニューオータニ
5．三浦友和&山口百恵、1980年11月19日、30・3パーセント、東京プリンスホテル

（ランキング参照『Asagei+plus』2022年6月12日、所ひで/ユーチューブライター）

1位が郷ひろみ&二谷友里恵の結婚式。郷ひろみは、当時も今も有名芸能人ではあるが、当時が全盛期ではない。メディアの関心は、芸能人同士の結婚、さらには、二谷友里恵に

スポットが当たっていた。

彼女は、有名俳優同士の夫婦の家に生まれ、下から慶応（幼稚舎から慶応女子）、さらに女優デビュー。はた目から明らかに恵まれていたお嬢様の人生の先に、郷ひろみとの結婚があったのだ。

二谷は、親の言いなりで結婚したのではなく、むしろ大反対を押しのけて結婚。ワイドショーでは、その出会いからプロポーズ、婚約までの話が、何度も何度も伝えられていた。出会いは六本木のディスコで、初デートはゴルフコースで、なぜか勝新太郎も同行したという。2人で最初に出かけたコンサートは、シーラ・Eだった。そのディティールも80年代らしい。郷は二谷を〝リー〟（二谷のニックネーム）と呼び、『REE』のタイトルのなぜか英語の楽曲も発売された。

1990年に二谷友里恵のエッセイ集『愛される理由』が刊行。日本人を見下すパリのヴィトンの店員を一喝した話や高速道路を時速180キロで爆走した話など、育ちの良さと豪胆な性格が記されたエッセイ集が100万部のベストセラーになった。

二谷友里恵の両親は、俳優の二谷英明と白川由美である。当時、2人は『火曜サスペンス劇場』のフルムーン旅情ミステリーシリーズにコンビで出演していた。これは、JRのフルムーンパスのキャンペーンのタイアップでドラマ化（原作は内田康夫）されたシリーズで第一作は郷と二谷が結婚後の1989年から放映が開始され、シリーズは1993年まで続いて終了。郷とリーの結婚の終了は1998年。

宮沢りえの映画デビューは事件だった

宮沢りえは、話題に事欠かない存在だが、中でも映画デビューは鮮烈だった。映画『ぼくらの七日間戦争』の当時の宮沢は15歳。同じ年の女優が映画で活躍しているのを見ることが鮮烈だったのもあるが、それだけではなかった。

映画の冒頭は、中学生たちが登校してくる場面だ。校門が閉まる遅刻すれすれのタイミングで宮沢りえがすり抜ける。のちの宮沢は華奢なイメージが強いが、この作品では大きな体とダイナミックな動きを冒頭から印象づけられた。

モデルとしての宮沢は、三井のリハウスなどのCMですでに知られた存在だったが、映画での役柄は、お嬢様白鳥麗子とは違い、活発さがまず前面に出る。学級委員長をこなす優等生でありながら、学校をサボる男の子たちへの理解を示す面もある。そして、自分もその輪に加わってもいく。

主人公たちは、中学1年生。まだ夏休み前の時期。自由だった小学校時代と違って、中学の窮屈さに辟易している。学校には制服があるし、前髪の長さにも制限がある。遅刻も厳しく管理される。当時は管理教育の全盛時代だ。管理教育は、学校が生徒に集団行動を徹底させ、一元的に管理する教育の体制のこと。学生運動時代に学校の自由化が進み、その揺り戻しの要素もあった。

学校の行きすぎた管理に反旗を翻す男子8名が近所の廃工場を秘密基地として学校をボイコットする。当初は一部の男子生徒だけが立てこもるのだが、途中から宮沢りえら女子3名も加わる。女の子たちが当初、仲間に誘われなかったのは、「不純異性交遊」を盾に学校外での行動にも制限を付けようとする先生側の策略に乗らないため。

この11名は元々の仲良しグループではない。サッカー部員もいればガリ勉、不良タイプもいる。普段は口をきかない者同士が集まっている。この辺りはジョン・ヒューズ監督の『ブレックファスト・クラブ』（1985年公開）のようでもあるが、絶妙なのは、まだローティーンであるという年齢設定だ。青春のちょっと手前の時期。薬師丸ひろ子や原田知世が出ていたようなアイドル青春映画路線の角川映画（『ぼくらの七日間戦争』も角川映画である）にはなかった要素が描かれている。恋愛よりも冒険、友情、親や学校への反発が彼らにとっての最大関心事なのだ。

親と子、20年違いのバリケード封鎖

『ぼくらの七日間戦争』は、少年少女たちが廃工場に立てこもる話である。バリケード封鎖である。先生は彼らを説得しようとし、親たちは心配をして見守っている。機動隊が突入する展開も描かれる。原作で、彼らは立てこもった廃工場を「解放区」と命名している。

「解放区ってのはだな……」（略）

「おれたちがまだ生まれる前、大学生たちが権力と闘うために、バリケードで築いた地域のことさ」

「お前、どうしてそんなこと知ってんだ?」

「おれのおやじとおふくろは、大学時代に機動隊と闘ったんだ。お前んちのおやじだって、やったかもしれねえぜ」

「おれ、聞いたことねえな」

「じゃあ、ノンポリだったんだ」

「ノンポリ?」

「お前んちのおやじみたいに、学生運動には無関心だった連中さ。だから、いい会社に入れたんだよ。おれんちなんか学生運動やったおかげで、就職するとこねえから塾をはじめたんだ」

「ノンポリ」も「解放区」も中学生たちの親世代が学生運動で使っていた用語。ちなみに、僕は、この映画を15歳で映画館で見たが、学生運動が下敷きになっていることには、当初はまるで気がつかなかった。映画を見た少し後に、ノベライズ版を読んで、はじめてそのことに気がつく。原作は宗田理。１９８５年にシリーズの1作目が刊行されている。物語の中に「解放区」や「バリケード封鎖」を知っている子と知らない子がいるのと同じである。僕も、さほど親の世代のことを知らなかったひとりだった。

普段は、仲がいいわけでもない子どもたちが学校の管理に反発して共闘するという構図は、かつての全共闘の理想が重ねられているのだろう。男女の区別なく連帯する姿も、かつての学生運動ではなしえていなかった姿。

この物語の悪役は生徒指導の教師たちである。

「そういうちゃらちゃらした愛情がこういう馬鹿げた事態を招いたんです。話にならない」という台詞は、大地康雄が演じる中学校の生徒指導の教師が発するもの。この教師は、学生運動世代よりも、上の世代なのだ。そして、その学生運動世代が子どもたちの教育に失敗したという持論の持ち主でもある。あの世代は、運動同様、自由放任のモットーを子育てに持ち込み、〝無気力世代〟を生み出してしまったというのがこの先生の主張するところ。つまり、それが団塊ジュニア世代である。彼らは、登校の決められた時間も守れない。

横暴教師は、自分たちが親の代わりに子どもをしつけているという認識を持つ。管理教育の代弁者である。もちろん、この教師はのちにこてんぱんにやっつけられる。

映画のおもしろさは、現実の学生運動と違い、生徒側が大勝利を収めるところにある。宮沢りえも、豪快なキックで教師を打ちのめす。その後の宮沢が映画で見せることのなかった大胆なアクションである。

リクルート事件、バブル、土地高騰

安倍政権時代に日本は長期政権を経験するが、この時代の長期政権といえば中曽根政権を指した。1982年から87年までが中曽根政権時代である。

リクルート事件が起こるのは、その長い中曽根政権の時代が終わり、次の竹下登時代に引き継がれた直後のこと。リクルート事件そのものに触れる前に、バブル経済がどのように発生したかは、流れだけ押さえておくと1985年プラザ合意→急速な円高→不況懸念

↓公定歩合引き下げ＆通貨供給量増加↓土地と株の資産バブルが発生していた。

景気がいい時代。バブル時代に生きていたかったという声をよく耳にするが、当時の一般庶民は、好景気にむしろ腹を立てていた。儲かっているのは、株を持っているものと土地を持っているものだけ。庶民は、マイホームを夢見ることすら許されない。むしろ、好景気がなくなって地価が戻ればいいのに。それが当時の庶民の声を代表するものだ。

リクルート事件は、1988年6月18日の『朝日新聞』が報じた、神奈川県川崎市の助役がリクルートコスモスの未公開株の譲渡を受け、1億円の利益を得たという事件が発端だった。未公開株譲渡疑惑は、森喜朗、渡辺美智雄（当時政調会長）、加藤六月（前農水大臣）、加藤紘一（元防衛庁長官）へと広がっていく。

リクルート事件の主役は、江副浩正と彼が経営していたリクルートである。当時のリクルートは、就職情報誌の発行元として知られ、CMでも名前をよく知る有名企業。江副も、そのワンマン経営者として名をはせていた。

その江副が政治家たちに金をばらまき、自らの事業の便宜を図らせた。シンプルな事件に見えるが、そこまで単純ではなかった。ばらまいたのが、金だったらシンプルな話だ。株式だとしても同じだ。この事件では、未公開株を買う権利が政治家や官僚たちに配られた。つまり、単なる投資の話でもある。株式が下がるリスクもあるし、あくまで自己資金での購入であり、株式を買うための資金もセットで融資された。それが賄賂に当たるのかは、グレーゾーンに置かれていた。

ただ当時は、未公開株は必ず儲かるものと思われていた。結果、86年10月に店頭公開されたリクルートコスモス株は値上がり、リクルートがばらまいた株は、利益を生んだ。これは結果論だ。

稲盛和夫と江副浩正が相容れなかった理由

1988年8月からリクルート事件は、急な展開を見せる。

リクルートの子会社であるリクルートコスモスの松原社長室長が発端である。彼は「国会の爆弾男」の異名を持った衆議院議員の楢崎弥之助の事務所に口止め料の現金500万円を手渡しに行った。この様子をテレビのカメラが撮っていた。楢崎弥之助は、これを事前に察知し、テレビの報道スタッフを事務所に入れていたのだ。このドッキリのような出来事が、事件の方向性を変えてしまう。

ジャーナリストの田原総一朗は、リクルート事件のルポルタージュ『正義の罠』のなかで、「特捜部は、現金がからんだ松原事件で、はじめて重い腰を上げることになったのである。

現金がからまなければ、リクルート事件は不発に終わった可能性が極めて高い」と指摘する。

東京地検特捜部が動いたことで、事件は大規模贈収賄事件としての本格的な捜査に至る。口止め料の現金払いは、江副の部下の松原が独断で行ったものと思われる。江副の指示ではない。松原社長室長はなぜこのようなことをしたのか。おそらくは、会社愛の強さゆえにこれを実行したのだ。リクルートの企業の強みは、社員の会社愛だった。それがマイナスに出ることもある。

江副の国会での証人喚問は88年の11月、翌年2月13日に江副逮捕に至った。1月に昭和天皇が崩御し、大喪の礼が2月24日に執り行われるという最中で、リクルート事件も決着を迎えていく。

江副とリクルートの転機は、84年にあったと田原総一朗が指摘する。NTT（旧電電公社）の民営化直前である。第二電電（のちのＫＤＤＩ）が、京セラの稲盛和夫を中心に立ち上がる。立ち上げ時の大株主の構成を見ると、京セラを筆頭に三菱商事、ソニー、ウシオ電機、セコムらが名を連ねる。江副はここに加わるつもりだったが稲盛の意思によって拒絶された。

田原は社交的でなかった江副が財界人の輪にうまくなじめなかったことが大きいという。財閥同士の結びつきや、学閥コネクションから江副は浮いていたのだ。リクルートの過剰接待は、この社交下手の克服、またはリカバリーしようと生まれたものだった。

もうひとつ、当時の財界はリクルートを虚業と軽視した風潮も影響した。リクルートのビジネスは企業の出したい情報を、企業から広告料を取って発行する。メディアは、原則無料。企業が出したい広告がコンテンツ。従来のメディア・広告モデルとはまるで逆のスタイルだった。この江副の生み出したビジネスモデルは、当時の財界の常識と相容れなかったのだろう。ものづくりを中心に置き、顧客第一、信頼重視を基本とするのが従来の財界のマナーだとすると、リクルートは、情報を売る産業で、データ重視、大量配布がモットー。その姿勢が〝虚業〟と判断されたのが江副の不幸であり、日本で情報、通信分野の発展にとって災いしただろう。

稲盛に拒絶された江副は、ＮＴＴの「回線リセール事業」の下請けに邁進する。ゴリ押しの営業スタイルで電話の回線を売ることにやっきとなった。第二電電、稲盛への反発があったのだろう。このビジネスに失敗した江副の焦りがリクルート事件に向かわせた。

リクルート事件を巡る騒動が注目を集めていた１９８８年は、竹下政権が消費税導入を目指し法案化を進めていた時期と重なる。法案は、年末の12月30日に施行され、３か月後の89年４月１日に導入された。すべての商品の販売、サービスの提供に３パーセントの税金が課されるようになったのだ。政界への不信と消費税導入のごり押しをした竹下政権の支持率は、低迷。その年の６月に総辞職に追い込まれる。

深津絵里のＪＲ東海とエースコックのＣＭ

ＪＲ東海のクリスマスのＣＭシリーズは、今でも語り継がれるテレビＣＭ史の伝説である。深津絵里（73年生まれ）は、このＣＭの当時はまだ15歳だった。大人びて見えるが、不自然なくらいに濃いメイクと派手な衣装を着せられている。あの時代はそれが当たり前だったということもなく、あの時代にしても濃すぎるメイクと派手すぎる衣装だと感じていた。

同時に、突っ込みどころは、ホームの柱の陰から登場する相手役のムーンウォーク。ＣＭの展開を説明すると、舞台は新幹線のホーム。遠距離恋愛の相手を迎えに来ている深津絵里は、彼の姿をホームで見つけられずにいる。あきらめた直後、ムーンウォークでボーイフレンドが登場する。

ところで、このムーンウォークの演出は、当時のプロデューサーも「若いディクターだったらやらないだろうな」と感じていたのだという（『クリスマス・エクスプレスの頃』三浦武彦・早川和良著、高嶋健夫編）。やはり、ムーンウォークの演出は当時でも十分に恥ずかしいものだった。

ちなみに、深津絵里は同時期に、エースコック〝大盛りいか焼きそば〟のＣＭに登場していた。個人的な感覚ではあるが、圧倒的にこちらのＣＭでの印象のほうが強い。深津がスーパーの紙袋を抱えて歩き、ひとり暮らしの部屋でカップ焼きそばをつくって食べる。

このボーイッシュな女の子は誰だと話題になった。当時から広告業界向けの『ＣＭ ＮＯＷ』という雑誌が発行されており、それでＣＭの出演者の名前をチェックすることができた。使われている楽曲が知りたいときも、これに頼る。エースコックのＣＭの深津絵里と、使われていた音楽のグラス・ルーツ『今日を生きよう』は、雑誌から知った。

ＪＲ東海のクリスマス・エクスプレスは、翌年に牧瀬里穂（71年生まれ）が登場する。ＪＲの駅で遠距離恋愛というシチュエーションは前年と同じ。こちらは新幹線の到着時間に遅れて駅のコンコースを、プレゼントを持って走っている牧瀬のシーンから始まる。途中で人とぶつかり、慌てて頭を下げて謝る。この場面は、撮影中に偶然発生したアドリブだったという（前掲書）。映像は、彼女のほうが彼氏を見つけ、柱の陰に隠れて待っている場面で終わる。ムーンウォークは引き継がれなかった。

牧瀬版クリスマス・エクスプレスでは、当時の新幹線の改札の風景が登場する。まだ自動改札ではなく、改札に人が立って切符を回収している。当時は、ちょうど自動改札化が進んでいる真っ只中。先にそれらを導入したのは、私鉄や地下鉄で、ＪＲはやや遅れて始まった。ちなみに新幹線の自動改札は、１９９７年だからＪＲの中でも遅い時期である。

完全に風化したドラクエⅢの模倣犯事件

1988年7月に目黒で中学生、つまり、73年世代の少年の手による一家殺人事件が起きている。「中2 両親と祖母を刺殺」というショッキングな見出しで新聞記事になり、当時は事件の背景や動機に触れた報道もされていたが、少年犯罪ゆえに詳細な続報が伝えられることはなく、事件の記憶は風化してしまっている。

少年は、好きなアイドルを暴行し、自殺を試みようと考えていたという。少年は南野陽子が好きだった。ただし、どれだけ自供が芯を食ったものだったかはわからない。犯行は、計画的なもので、一週間前から準備をしていたのだという。日頃からの家庭内暴力の形跡もなかったという。

写真家の藤原新也が少年の犯行はゲーム『ドラゴンクエストⅢ』と一致することを指摘し「シミュレーション世代においては虚構の側からの現実の侵食がはじまっている」と論評した（『朝日新聞』1988年7月19日、大阪夕刊）。

少年は、犯行に金属バットと包丁、電気コードを用意したが、それはコンボウ、クサリガマ、銅のツルギなどのゲームのアイテムと類似しているというのが藤原の指摘だ。ゲームと同じような感覚で少年は人を殺したのだと。

ゲーム悪玉論は、この頃に生まれたものだ。論理はわかりやすい。現実とゲームの世界を混同した世代が、これまでの少年犯罪とはレベルの違う犯罪を犯すようになった。明らかな偏見が含まれているが、興味深いのは『ドラゴンクエストⅢ』という、もっとも犯罪とは結びつきにくいゲームソフトの名前が出てくるところである。コンボウ、クサリガマ、銅のツルギなどの固有名詞が登場するということは、藤原は、少なくとも『ドラゴンクエストⅢ』で遊んだことがあるということだろう。

「少年は定型化され、現実のにおいの失せた現実に背を向けて、TV画面の中のより素晴らしい虚構の中に脱出し、身体を遊ばせ、息を吹き返す」と藤原は新聞記事の中で考察をしている。だが実は、少年はドラクエⅢで遊んでいなかったという。それを指摘するのは、評論家の中森明夫と大塚英志である。

テレビゲームやビデオなどのメディアは「虚構と現実」を混同させ、新しいタイプの犯罪を生んでいる。そんな根拠のない世代論におどらされるメディアを、中森と大塚は批判している。中森と大塚は、89年に逮捕された宮崎勤の事件の際に、『Mの世代』という宮崎事件をめぐるメディア報道を論じた本を刊行した。犯罪の中身とは関係のない、ビデオやロリコン雑誌の部分ばかりが批判されたことへの反論でもあった。

女子高生コンクリート詰め殺人事件と宮崎勤事件の部屋

1988～89年にかけて、ほぼ同時期に陰惨な2つの犯罪が起きている。

ひとつは東京足立区の女子高生コンクリート詰め殺人事件。少年4人が女子高生を拉致し40日間監禁して暴行を加えた末に、江東区の埋立地に遺体をコンクリート詰めにして埋めた事件だ。加害者たちは、1970～72年生まれで、当時10代の未成年だった。

この事件を『週刊文春』は実名で報道した。「無責任が横行する時代の責任を敢えて問い、少年四人の氏名をここに明らかにする。」と理由が書かれている。少年法には、対象者が特定できる記事や写真の掲載を禁じる規定がある。事件の凶悪性にかかわらず、一律に保護される法律と、それを画一的に守り続けるメディアに疑問を投げつけた報道。犯人は、逮捕時に17、18歳である。

少女が監禁されたのは、犯人のうちのひとりの自宅の2階の自室だった。少年の両親は、被害者が監禁されていたことに気がつき、言葉をかわしたこともあった。だが、息子からの暴力に怯え、警察への通報をしなかったのだ。

もうひとつの事件は、宮崎勤による埼玉幼女連続殺人。犯行は88～89年にかけて行われた。埼玉、東京で3～7歳の4人の幼女を性的な目的で誘拐し、殺人を繰り返した事件である。

さらに、被害者宅にダンボールで骨片と歯を送りつけた。新聞社に「今田勇子」の名で犯行声明を送りつけた。

宮崎が逮捕される前に、マスメディア各社が彼の部屋に入り撮影した。いわゆる「Mの部屋」。これを公開した宮崎の父親は、息子の無実を証明するつもりでメディアに部屋を公開した。宮崎は自室に遺体を持ち帰ることもあったが父親は気づいていなかった。

警察が捜査の中で確認したビデオテープの数は5787本。内訳を精査するとホラー映画やロリコンアニメは、全体のごく一部。警察がビデオデッキ55台を駆使して調査した結果、95パーセントは、一般のテレビで放映されていた特撮ドラマ、アニメ、歌番組、CMだった（『M／世界の、憂鬱な先端』吉岡忍）。

前出の『Mの世代』の中で中森明夫は、「『カウチポテト族殺人』と呼ばれないのが不思議でしょうがない」とメディア報道への皮肉を述べている。ホラー映画やロリコン雑誌が人を犯罪に向かわせるかのような報道があふれていたが、特殊なものではなかったのだ。

評論家の大塚英志は「今回、M君なり、目黒十中の少年がメディアの中に入り込んでしまって、メディアの影響下で何かを起こしたという、そういう切り方を出してきた人たちというのは、ぼくらよりははるかに上ですよね。四〇歳ぐらいの所謂、全共闘世代ぐらい」（『Mの世代』）と、報道の偏見と世代の関係性について言及している。藤原新也が、目黒の中学生が起こした一家殺人事件の動機をドラクエⅢの影響と論じたことへの批判である。

宮崎は、友だち用にレンタルビデオのダビングをしたついでに、自分の分もダビングした。それを機に、コレクターになったと自供した際に語っている。コンテンツ自体に執着がなく、ビデオテープの本数への思い入れが強い。コレクターによくいるタイプである。ビデオが登場した世代の、まるで取り憑かれたように録画を続けたマニアたちの話も珍しくない。宮崎の部屋にあったビデオの本数、６０００本もそれらと大差のないものに見える。

日本の作家たちはいつからワープロを使っているか

１９８８年1月13日発表の第98回芥川賞は、池澤夏樹の『スティル・ライフ』で、これがワープロで書かれた最初の受賞作だと本人が証言している（『マガジン航』インタビュー、２０１２年）。

78年に東芝が初の日本語ワープロを発売し、電機メーカー各社がこの市場への参入を始めた。普及したのは80年代半ば。ワープロ専用機は、文書作成に機能特化したパソコンのような製品である。パソコンの一般家庭の普及前にまずこちらがその先鞭をつけた。

作家のなかで早い時期からワープロを導入していたのは安部公房である。仕事部屋の様子が篠山紀信の写真集『定本 作家の仕事場　昭和から平成へ読み継がれる日本の作家一三五人の肖像』に載っている。撮影時期は83年4月。使っていたのは、1982年発売のNEC「NWP-10N」。価格は「100~150万円」（大塚商会ホームページより）というから、オフィス機器中でもトップクラスの高級品。当時、安部公房が出演したテレビ番組のインタビューでワープロを使っている場面があるが、8インチの巨大なフロッピーディスクが常に回っていてうるさい。とても仕事にならなかったのではないかと思う。作品の中で実験的にワープロを使うこともあったが、手書きと併用していたのだろう。

『定本 作家の仕事場』には作家たちが使うワープロ専用機の写真がたくさん掲載されているが、嵐山光三郎、逢坂剛、落合恵子、谷川俊太郎、石原慎太郎、高橋源一郎らがワープロ専用機とともに写っている。

1989年10月のパソコン雑誌『EYE・COM』の創刊号でワープロの特集が組まれている。扉のリードには「ワープロ専用機の国内累計出荷台数は、今年中に1000万台を超える見込み」とある。パソコンに専門誌が複数あったことも、今となっては想像しがたいことだが、その雑誌のメイン特集としてワープロが取り上げられていることも不思議である。

『DIME』（10月19日号）誌が「ワープロは、いずれなくなるのですか?」という、ワープロ専用機を発売しているメーカー各社に向けて問いを発する特集を組んでいた。各社、担当者はワープロとパソコンが共存共栄するという予測をしている。実際にはここから3、4年は、まだワープロ専用機が生き残れた時代だったが、その後に急速に衰退した。ワープロ専用機の全盛期は10年足らずだった。

イカ天とホコ天のバンドブームと情報格差

世間でよく知られているテレビ番組でも、地元の放送局がネットしていないために見ていないというのはよくある話ではある。秋田に住んでいた頃は、『笑っていいとも!』も『ザ・ベストテン』も『夕やけニャンニャン』も放送していなかった。民放の放送局が2局しかなかったのだ。

1989年2月~90年12月にかけて放送されていた「三宅裕司のいかすバンド天国」、通称〝イカ天〟も関東ローカルの番組だった。東京では流行っているし、その流行っているという情報は伝わってくるが、実際の放送を見ることはできなかった。

当時、僕が住んでいたのは新潟。東京(上野)までは新幹線で1時間39分である。1989年3月13日のダイヤ改正で短縮されたのだ。新幹線の最高時速は240キロを記録し、首都と地方都市の距離はどんどん近づいていたはずである。ただ新潟の人々は、もうほとんど新潟が首都圏だと思っていた。それには明確な理由もある。新潟で流れている気象ニュースは、「関東甲信越地方」として伝えられていたのだ。つまり新潟のテレビを見ていると、常に東京の天気も茨城の天気も同時に伝えられる。同じように東京にも新潟の天気が伝えられているのだと思っていた。なので、東京に出てきて東京の気象ニュースを見たときに、新潟の天気が伝えられていなくて驚いた。関東地方の天気だけが伝えられていたのだ。東京の人は「甲信越地方」という区分があることすら知らなかった。

そんなこともまだ知らない高校時代、新潟から東京に高速バスを使って遊びに行ったことが幾度かある。初めて実物の〝イカ天〟を見たのもそのときのことだ。初めて見たイカ天では、カブキロックスが『お江戸―O・EDO―』を歌っていた。伝説の回もあればそうではなかった回もある。

東京の原宿の歩行者天国〝ホコ天〟でストリートのロックバンドが人気があるということも地方民として情報としては知ってはいる。JUN SKY WALKER(S)やTHE BOOMらはメジャーデビューして全国区の知名度を得ていたわけだが、厳密にはイカ天とホコ天の区別がついていない、または混同しているところがある。例えば、フライングキッズがイカ天出身か、ホコ天出身かは、とっさにはわからない。東京と地方の情報格差は、バンドの基礎知識のところで差が出てしまう。

天皇崩御とテレビCMが流れなかった2日間

昭和天皇が崩御したのは1989年（昭和64年）1月7日のこと。第一報が伝えられたのは、土曜日の早朝のことだった。曜日まで憶えているのは、その日が模擬試験当日だったからだ。高校受験を2か月後に控えていた時期。昭和天皇の体調を巡る報道が、前年の9月に伝えられて以降、テレビのバラエティー番組やイベント、CMの台詞などさまざまなものが自粛される状況になっていた。ついに訪れた崩御の当日なのだから、模擬試験が開催されるわけがないととっさに思ったのだが、母親は、試験は中止にはならないから行くようにといった。友だちも皆、時間どおりに会場に来た。模擬試験は開催されたのだ。自粛ではないかと思ったのは、自分だけだった。狐につままれたような気持ちとは、まさにこのときのこと。

最初に昭和天皇の体調についてスクープしたのは、日本テレビの『NNNきょうの出来事』だった。高木侍医長（当時）が深夜に皇居に向かったことをキャッチし、伝えたのだ。主治医の発表は「慢性膵炎」だった。この当時は、がんであるという病状は、患者本人には伝えられなかった。つまり本人告知がまだ当たり前ではない時代。昭和天皇本人ががんであることを察知してしまわないよう、配慮をして伝えられたということだろう。

天皇の崩御からの丸2日間は、テレビの民放各社は、CMを自粛し、特別番組を放送し続けた。当時の雑誌『広告批評』は、テレビが喪に服した2日間をどう思うか、文化人、知識人たちにたずねる特集を組んだ（特集「CMが消えた二日間」1989年2月号、マドラ出版）。

コピーライターの糸井重里（1948年生まれ）は「二日間という期間を区切ってポンと済ましちゃった」「達者だなあ、商売人は」と書いている。つまり、テレビは喪に服して3日目に日常の放送に戻ったということ。誰かが音頭をとって足並みをそろえたのか。

文化人類学者の山口昌男は、特集番組の収録に出かけ、無事収録はしたが、3日目なので急に放映がなくなったのだと書いている。3日目も喪に服する準備はされていたということになる。やはり誰かが音頭をとったのだ。

小説家の高橋源一郎は、視聴者の視点で「最初は新鮮だったけど、やっぱり二日目になって飽きましたね。だから、三日目にCMが出てきたときは、非常にうれしかった」と書いている。脚本家の山田太一は「民主主義が戻ってきた」と書いた。劇作家の別役実は「ドキュメントや昭和史、天皇のお人柄についてのコメントなど、そういった一切の作り方が、どれもほとんど同じだったのが異様だった」という。

当時もっともテレビで目立ったのは作家の猪瀬直樹（46年生まれ）だったようだ。著作の『天皇の影法師』が83年、『ミカドの肖像』が86年。後者は西武グループと皇族の関係について書かれたもので、大宅壮一ノンフィクション賞を受賞している。

作家の景山民夫（1947年生まれ）も基本的には飽きたという。「どこを見ても同じ」だったという。一方「これじゃあ、夜中のカメリヤダイヤモンドよりひどい」と書いている。昭和天皇の生前のテレビの深夜にはカメリアダイヤモンドのCMが繰り返し流れていた。死後もまたそれが復活する。ダイアン・レインやシンディ・クロフォードといった女優、スーパーモデルらが出演していたもの。ダイヤモンドの会員制の販売ビジネスで、強引な勧誘がのちに何度も問題となった企業だが、映像はともかく、使われていた音楽のインパクトが強かった。曲は定期的に変わるのだが、夜、水商売、黒服といった雰囲気が共通し、どれもチープな曲調。84年の『桃色吐息』（高橋真梨子）辺りから始まるもので、これらを制作していた音楽事務所が一貫して同じということで納得した。

カメリアダイヤモンドの音楽制作を担当していたのは音楽制作会社のビーイングで、90年代のJポップを席巻する。ZARDもWANDSも90年代最初のミリオンセラー『おどるポンポコリン』もビーイング制作。そして、B'zもTUBEも大黒摩季も。

80年代には忌み嫌われていたはずのビーイング系がのちにブレイク。一度嫌われたタレントが、のちに大逆転で人気者になるのもよくある話。嫌よ嫌よも好きのうちなのだ。

第2章

1990年代はもちろん浮かれた時代である

超高層カラオケ　1994年5月27日　写真：Kodansha/アフロ

コードレスホンが若者の〝一番欲しいもの〟だった

電話は、世代を明確に分ける指標となるメディアである。73年生まれ世代は、黒電話を知る世代。そして、プッシュ式、テレフォンカード、留守電機能、キャッチホンが子どもの頃に登場した。これらの機能があったとしてもかつての電話は今のそれとは別のものである。ただ、のちに電話が進化するまで黒電話が不便だなんて想像すらしたことはなかった。

当時は、電話をかける際に、6〜8桁の番号（市外局番を省いて）をダイヤルでぐるっと回していた。プッシュ式に変わっても番号を手動で入力する手間は変わらないが、番号を記憶する際の覚え方が変わったかもしれない。当時は、よく使う自宅や友人の番号は、誰しも記憶していたものだ。3、4度かける機会があれば覚えてしまったのか、または覚えた方が早いという意識があった。人類史を振り返っても、7、8桁のランダムな数字を複数、記憶に残している人々が生きていた時代は他にないだろう。

もちろん、覚え切れない番号が大半で、部屋の電話の周りには、さまざまな連絡先のメモがベタベタと貼られていたし、電話機にもその電話の番号を書いたメモが貼られていたし、自宅、公衆電話ボックスから飲食店まで周辺、あちこちに分厚い電話帳が置かれていて、電話をかけるたびに、それらを参照していた。

番号を内蔵のメモリー装置に保存したりリダイヤルや着信履歴ができたときに黒電話世代は感動を覚えたはずなのだが、それらの機能を体感した瞬間のことをすっかり忘れてしまっている。

1990年の『POPEYE』4／18号を眺めていて、やたらコードレスホンの広告のページが多いことに気がついた。クルマ、タバコ、コードレスホン、オーディオ、ジーンズ、コードレスホンといった順である。グッズ紹介のページには、留守電機能付きのコード付き電話機が紹介されているので、まだ電話自体が注目のグッズで、コードレスではないタイプも残っていた時代でもあった。

もしも、誰にも邪魔されず一人で電話をしたいと思ったら。
もしも、庭先で星を見ながら長電話したいと思ったら。
もしも、デート3回ガマンして自分専用の電話をほしいと思ったら。

この3つは、京セラのコードレスホンの広告のキャッチコピーである。電話が1人1台ではなく、家族と共有して使うものだった時代に自分専用の子機を部屋に置いておくことは、ぜいたくなことだったのだ。電話は、親や兄弟らに内容を聞かれないよう、ひそひそ声でするものだった。電話機が置かれていた場所も、玄関や廊下である。冬は寒い。長電話をするためには、防寒の準備をする必要もあった。子機やコードレスホンが登場し始め、自分の部屋にそれを持ち込めるようになるという変化は、10代の少年少女にとって大きな意味を持っていた。

ところで、広告コピーにあった「デート3回」の予算で買える値段とは、いくらか。定価4万4800円。1回のデート予算が1万5000円ほど。高い気もするが、特集ページを読むとその理由がわかる。デートは、まだ男性が支払うものというのが大前提とされているのだ。

ちなみに、この時代のトレンディードラマにはよく留守番電話が登場した。主人公が「現在、旅に出ています。探さないでください」など、〝個性的〟なメッセージを残している。主人公のキャラクターを示すツールとして、誰もがおなじみの機能を利用した。

「お元気ですか。人生楽しみましょ。その気持ちでメッセージをど～ぞ」

というのは、女優の萬田久子の留守録メッセージ。30年変えていないメッセージだという。あの時代の精神がこの留守電のメッセージにすべて詰まっている。

SMAPのブレイク前のCM〝おたっくす〟

1990年に家庭用ファクシミリが登場した。オフィス機器としてはすでに定着していた〝ファックス〟が家庭用にも展開されるようになるのが90年代のこと。最初にそれを商品化したのはシャープだった。すでに触れたように、80年代末から家庭用の電話にも子機やコードレスタイプなど電話関連の商品がヒットしていく中で、〝新しい電話〟のあり方に、各社が注目していたのだ。郵便とは違い、瞬時に個人が文字や図像を送り合うことができる。そうしたコミュニケーションを想定してのものだ。

パナソニックは、家庭用ファクシミリを展開したが、そのCMにはまだブレイクしているとは言いがたい時代（1991年）のSMAPが起用されていた。

ファクシミリだけでなくパナソニックの電話関連の商品全般をSMAPが担当し、「でであのでん」のキャッチコピーが使われていた。ファクシミリのCMでは、彼らが高校生という設定なのだろう。教室の黒板の前で、中居正広が意中の女生徒に告白をする。黒板の「OK」の文字を見て舞い上がった中居は、ファックスでデートに誘う。彼が送るのは、「今度の日よう日、動物園へ行こう」の文字とシマウマの写真。写真はハーフトーンで美しく印刷されている。さらに動物園のマップや当日の気象図などをファックスで相手に送ったのだ。すぐに返事が返ってくるが、英語なので読めない。OKの返事は、単なる黒板の文字の一部を消し損ねたもので、それを中居が早とちりしただけだった。返事の中身は、恐らくデートの誘いへのお断りだろう。だが、英文なので中居は気がついていない。取り囲むメンバーたちも、和気あいあいとその様子を見守っている。

このパナソニック製品の愛称は、〝おたっくす〟だった。〝お宅〟＋〝ファックス〟のネーミングだったのだろう。その呼び方は普及しなかった。だが、家庭用のファクシミリの普及にはこのCMも貢献していただろう。90年に43万5000台だったファクシミリ通信網契約数は、4年後の94年には、67万8000件にまで伸びた（総務省『平成27年版　情報通信白書』の概要）。

SMAPもアイドルとしてすぐにブレイクしなかった。同時代に光GENJIがいたからだろう。88年のオリコンのシングルレコードの年間売上ランキングチャート1、2、3位を『パラダイス銀河』、『ガラスの十代』、『Diamondハリケーン』が独占した。SMAPは、88年に光GENJIのバックダンサーだったスケートボーイズから選抜されたメンバー6人で結成された。シングルデビューは、91年。つまりパナソニックのCMの当時は、まだデビューして間もない時期である。

光GENJIとSMAPは、レコードデビュー時期が4年違い、活躍した時代にもややずれがあるが、年齢的には同世代である。光ＧＥＮＪＩでは、最年少となる赤坂晃と佐藤敦啓の２人が１９７３年生まれ。ＳＭＡＰでは、年齢的に中心にいる稲垣吾郎が73年生まれだ。中居正広、木村拓哉がその１歳上で72年生まれ。草彅剛が１歳下の74年生まれ。香取慎吾は77年生まれである。年齢の分布的に、ＳＭＡＰは団塊ジュニア世代を完全にカバーしている。

ＳＭＡＰは歌番組が減った時代に、バラエティー番組に活路を見いだした。『愛ラブＳＭＡＰ！』（テレビ東京、91〜96年）、『夢がＭＯＲＩ ＭＯＲＩ』（フジテレビ、92〜95年）などのレギュラー出演をきっかけに、活躍の場を増やしていく。ドラマ『あすなろ白書』（93年）に木村拓哉が出演、94年３月発売の楽曲『Hey Hey おおきに毎度あり』でオリコンチャート１位を獲得。ちなみに２０１６年年末の解散を明らかにする書面もファックスでマスコミ各社に伝えられた。

宮沢りえとデヴィッド・ボウイの接点

１９９０年の宮沢りえは「あなたと私は住んでいる街が違うので００８８に申し込むといいです」と宣伝するＣＭに出演していた。「００８８」は番号の頭に付けると料金が安くなる市外電話の局番で、新電電のサービスのひとつ。同じ年の年末に宮沢は、ふんどし姿のカレンダー写真が話題になった。

なぜふんどしだったのか、これは「0088」以上に文脈に説明がいるだろう。トップアイドルがあえてふんどし姿を披露したから話題になったのだ。

年末のNHK紅白歌合戦への初出場でも宮沢は特別扱いだった。〝りえママ〟こと宮沢光子（団塊の世代、1949年生まれ）のアイデアで、芝浦の倉庫屋上に設置されたバスタブの中でデヴィッド・ボウイの1975年のヒット曲『Fame』の日本語カバー『Game』を歌った。

GAME ルールなんか いらない
GAME ふざけて あそべばァ？
GAME…
GAME それにセブンティーン　おとなじゃないんだし
（『Game』作詞：D. Bowie・J. Lennon・C. Alomar 日本語詞：I.Toi）

デヴィッド・ボウイのカバーを提案したのは、りえママだったという。彼女は一般に想像されるようなステージママというタイプではなく、積極的にアイデアや仕掛けを考えるプロデューサータイプだった。

当時、宮沢母子が住んでいた広尾ガーデンヒルズには、多くの文化人が集まっていたという。草月流3代目家元勅使河原宏、映画プロデューサーの奥山和由、糸井重里。『Ｇａｍｅ』の訳詞は糸井の仕事。沢田研二（１９４８年生まれ）がパラシュートを背負って『ＴＯＫＩＯ』（作詞：糸井重里）を歌ったちょうど10年後に、ＮＨＫ紅白で宮沢りえが『Ｇａｍｅ』を歌ったのだ。

「ふざけて あそべばァ?」の歌詞は、まだ17歳の彼女が大人を弄び、スターであることを俯瞰して眺めている構図のものだ。デヴィッド・ボウイの楽曲、『Ｆａｍｅ』（名声の意）は、名声についてのセルフパロディーのような内容の歌詞である。宮沢の楽曲はさらにそのパロディーということになる。

『サンタフェ』はどのように「事件」だったか

18歳の宮沢りえによる写真集、『Ｓａｎｔａ Ｆｅ』の発売が新聞広告で伝えられた。ヌードを使用した全面広告を掲載したのは、１９９１年10月13日の読売新聞。翌日、朝日新

広尾ガーデンヒルズ　1996年9月3日撮影　1987年2月に全体が竣工
写真：毎日新聞社/アフロ

聞にも掲載されるが、社内の審査に手間取り1日ずれたという。

写真集の発売は、この1か月後の11月13日だ。確かに当時は誰もが大騒ぎした。見たいか見たくないかと聞かれたら、100パーセント見たかった。クラスの何人かが、発売日にこれを教室に持ち込んでいたのを記憶している。ヌード写真集のページを教室で開く。通常ならうしろめたさを感じる行為だが、どうだったか。

写真集のロケは、厳しいスケジュールの合間を縫って極秘裏に行われたものだ。サンタフェは、米国ニューメキシコ州の太陽にあふれた観光地。グアムやサイパンといったグラビア撮影の定番の場所ではない。そのサンタフェの太陽の下で撮られたヌード写真は、どこにも影がなく、同時にエロティックな感情を抱かせる要素もない。見る側にとっても、こそこそすることもないかなという写真。むしろ拍子抜けに近い印象を受けた。

ライターの安田理央は、「新聞にそんな写真が大々的に掲載されているというだけで事件なのに、それがトップアイドルのヌード」(『ヘアヌードの誕生　芸術と猥褻のはざまで陰毛は揺れる』)と、当時の騒ぎについて触れている。たしかにトップアイドルのヌード写真集は事件だった。実際にそれをやった宮沢に文句を言う筋合いもない。ただ、このヌード写真も「ふざけて　あそべばァ?·」の延長線上にあったように思われた。本人の意思はともかくとしてという注釈付きだが。ともあれ、ニューメキシコ州を知らない日本人はたくさんいても、サンタフェのことは知らない日本人はいなくなった。

宮沢と貴花田との婚約発表は92年11月27日。もはや何をやろうが誰も驚かない存在ではあったが、やはりこのときには驚いた。当時宮沢りえ19歳、貴花田20歳。だが1か月後に『週刊文春』によって破談に向かっているというスクープ報道が出た。展開の早さに驚くが、実はこの破談の報道は、「確証のないまま時間切れ」のまま載せられたものだという（『2016年の週刊文春』柳澤健）。事情をよく知る人物から伝えられた情報だったのか、噂レベルのものなのか。だが、それが本当になった。年明けに、宮沢が会見を開き、婚約解消を発表したのだ。元々破談となる話が進行していたのか、文春の報道がきっかけで両者の関係に変化が生まれたのかはわからない。

会見は水曜日に行われた。木曜日発売の『週刊文春』への「せめてもの復讐だったのだろう」と柳澤は書いている。「ふざけて あそべばァ?」のゲームは、どこまでが周囲の用意したもので、どこまで宮沢本人が納得していたのかは外からは知りようもない。

管理教育と神戸市高校校門圧死事件

1990年7月6日に神戸市高校校門圧死事件が起きた。登校時に校門を通ろうとした

宮沢りえと貴花田　婚約会見　1992年11月27日　写真：アフロ

女子高校生が、鉄製の門扉に激突した。彼女の姿を確認せず、扉を閉めたのは生徒指導の教師だった。高校生は頭を強打し、そのまま亡くなった。

当該教師は、他の教師に校門の監視を委ね、目視しないまま鉄の門扉を閉じたのだ。当然、メディアはこの事件を重大なものとして取り上げ、学校の管理体制、生徒指導の教師への批判、そして管理教育という制度全般が見直される機会になった。ただ事件の3年後に、校門を閉めた当人である元教師の細井敏彦が『校門の時計だけが知っている 私の「校門圧死事件」』という本を書いたことは、さほど話題にならなかった。加害側の当事者として事故の詳細や背景を記したもので、事件の直後にメディアから受けた自分への批判や学校側による処分の妥当性について批判した内容である。

この事件が起きた神戸の高校が、なぜ校門での遅刻の厳重な管理を行っていたのか、その理由がこれを読むとわかる。まず、この学校では遅刻した生徒には厳しい罰則が待ち受けていた。定時に1秒でも遅れた生徒は、職員室で入室許可証に遅刻時間、遅刻理由を記入し、それを学年担当に提出、確認の押印をもらわなければ教室に入ることが許されない。

なぜ、ここまで厳しい遅刻の管理を行っていたのか。細井は、生徒に「ケジメと厳しさを植え付ける」ためだったと書いている。少しでも甘い運用を行うと、生徒はつけあがるのだという。『ぼくらの七日間戦争』で大地康雄が演じていた教師の論理と同じだ。親世代の子育ての失敗を学校の側がリカバリーしているという思い込みを強く持っている。

88年の映画『ぼくらの七日間戦争』のオープニングでは、宮沢りえが校門を軽快に駆け抜けていた。映画でも遅刻のチェックを通じた管理教育の構図が描かれていたのだ。映画では、校門のドアを強制的に閉じていたのは、生徒会の生徒たちだった。管理教育の下で生徒も分断している様子が描かれていた。細井の本では、教育の現場で教師たちが分断されている様も描いている。

校門圧死事件当該の高校は、神戸のニュータウンの新設校だった。新設校は、「特色ある学校づくり」の名目とともに校長に強い権限が与えられる。校長は、短期間に成果を上げるために、子飼いの生徒指導の実践に長けた教師を自分の裁量で引っ張ってくる。細井は、まさにその「子飼い」の教師として件の高校に来たのだという。

管理教育には、教師が生徒を管理するだけでなく、教師が教師を管理する構造もあったということだ。

90年代は浮かれた時代だった

バブル経済が崩壊し、長い不況の入り口の時代。だが、１９９０年代全体を見て、当時が暗い時代だったかというとそうではない。むしろ馬鹿に明るい時代だった。同じように、明るかった時代と目される80年代にだって暗かった面もあった。斎藤美奈子と成田龍一編著の『1980年代』の中で斎藤と成田と大澤真幸がこんなやりとりをしている。

成田　だんだん今は暗いという話になってきましたけど、八〇年代も必ずしも明るい時代ではなかったですよね、同時代を生きてきた感覚からいうと。

斎藤　貧しかったですよね、とはいえ。『見栄講座』とか言ってるから当時の若者が金持ちかと思ったらぜんぜんですよね。だってトイレ共同、四畳半アパートみたいなところに住んでいたのが普通ですから。キッチンもないお風呂もない、当然銭湯に行くのが前提でした。そういうものがバブルのときにぜんぶ失われてしまって、若い人たちが一からやり直す——家賃二万円ぐらいの四畳半アパートから自活を始める——ことはできにくくなっていますよね、今ね。

大澤　だから、まあ、「なーんちゃって」の世界ですよ（笑）。

90年代もこれとよく似た構造を持っている。バブル崩壊後の不況の始まりの時代ゆえ、暗い時代という印象があるかもしれない。だがそれは「なーんちゃって」でもある。むしろ、浮かれた時代だったという側面もある。

『愛という名のもとに』は、大ヒットした野島伸司脚本のドラマである。唐沢寿明と鈴木保奈美と江口洋介が出演していた。彼らは、大学時代のボート部仲間。それぞれに別の道を歩み、たまに行きつけのバーに集合する。ドラマ終盤で、仲間の中野英雄が演じるチョロが自殺する話がある。会社の厳しい営業ノルマ、上司からのパワハラ、フィリピンパブで出会った女性に貢ぎ始めたことから横領騒ぎにまで発展する。このくだりは特に展開が暗く、チョロの死んだ場所に仲間たちが駆けつける場面で岡林信康の『友よ』がかかっている。学生運動時代の〝革命前夜〟を彷彿させる曲だが、ドラマの展開とはまったく結びついてはいない。ちなみに、このドラマには、脇役だが深津絵里と瀬能あづさが出ていた。ともに73年生まれだ。深津は江口洋介が始めたダイヤルQ２事業のアルバイト学生役で、瀬能は鈴木保奈美の７つ下の妹の役である。

93年のドラマ『高校教師』も野島伸司の脚本。73年生まれの桜井幸子が主演で高校生の繭を演じた。父親からのＤＶ被害者である。教師の羽村役が真田広之。女子高生と教師のシリアスな恋愛ドラマ。最終回で羽村は繭の父親を刺す。そして父は自宅で焼身自殺。列車の座席で２人は寝ているのか死んでいるのかわからない終わり方をする。赤い糸で指が結ばれている。暗いドラマである。森田童子の『ぼくたちの失敗』がテーマ曲だった。やはり学生運動を匂わせる曲。

両ドラマには暗いという共通点がある。そして、森田童子の『ぼくたちの失敗』、岡林信康『友よ』といったテーマ曲、挿入歌は学生運動の時代のノスタルジーを思わせるもの。

野島伸司脚本ドラマでは、このあとに『ひとつ屋根の下』(93年)がヒットした。難病の子どもを冷ややかな世間から守り抜く親抜きの大家族ドラマだ。血のつながらない疑似家族。

さらに、『家なき子』(94年の)は、野島は企画・プロデュースでクレジットされた作品で、ここでは物乞いをする貧困少女が主人公だった。「同情するなら金をくれ!」の台詞が流行した。

ドラマの暗さは、単にこの前の時代のトレンディードラマの反動でしかなかった。そして、学生運動の敗北とは何ら関係なくノスタルジー風の味つけが加えられている。

むしろ、国内の貧困問題が、社会問題としてクローズアップされることがなかったから、「同情するなら金をくれ!」が決め台詞のドラマが流行したのだ。野島伸司ドラマの暗さは、誰しも「なーんちゃって」であるとわかった上で消費していた。

バブル崩壊とビール業界の盛況

バブル経済が崩壊した後に、不況が長く続くなど誰も思っていなかった。むしろ、バブルが終わり、不況が訪れたことを歓迎する風潮すらあった。

1991年7月に公定歩合が引き下げられ、この頃には、株価、地価ともに下落し、好景気が去ったことが認識されている。三重野日銀総裁に「バブルをどれだけ退治できたのか」と新聞記者が質問した。記者は、不況よりもバブルの再燃を懸念している。バブルは潰すべきものでそれを二度と繰り返してはいけないという主張である。不況をポジティブに受け止める風潮、つまりモノの値段が下がることが、庶民にとっていいという考え方があったのだ。そのあとになって、日本人は、モノの値段が下がり続けることで庶民の給与も下がっていくデフレ不況の恐ろしさを突きつけられることになる。

広告業界は、当時の不況を「なーんちゃって」と捉えていた。としまえんは「祈景気回復」の文字をライドに吊るしたポスターをつくった。サントリー白角の広告コピーは「不景気なんか、飛んでいけ。」だった。

1990年代前半、不況とは無縁にビール業界は最盛期を迎えていた。CMにも勢いがあった。キリンが90年に一番搾りを発売。CMには緒形拳が出演していた。猫をつまんで階段を駆け上がり、物干し台でビールを飲みながら花火を眺める。早くも昭和懐古風情。

冬ビールも定着し、CMでも、冬を打ち出すものが多かった。槇原敬之の『冬がはじまるよ』と高野寛&田島貴男の『Winter's Tale』。91年及び翌92年の「サッポロ冬物語」のCM。ビールは、夏限定の飲み物という観念がこの時代に消失する。

92年のCMで話題になったのは、サントリー「モルツ」。風呂上がりの和久井映見（70年生まれ）が、バスタオル一枚の姿で冷蔵庫から缶ビールを出す。カメラからは、冷蔵庫のドアで隠されているが、バスタオルは床に落ちてしまう。萩原健一のバージョンは、ジョギング中の萩原がビールの自動販売機の前を通り過ぎるのだが、二度戻ってきてしまうというもの。出演していた和久井映見と萩原健一（50年生まれ）は、団塊ジュニアと団塊世代。どちらもオチは、「モルツ」の商品名を連呼するTHE真心ブラザーズのCMソングと「うまいんだなあこれが」という台詞だった。

これを手がけたCMプランナーは佐藤雅彦である。商品名と魅力をストレートにわかりやすく伝えるCMが彼の作風だった。ストレートに商品の美味しさをアピールするCMは、80年代の広告とは真逆の流れだった。

アサヒビールは、若者向けの新定番商品として「アサヒ生ビールZ」を発売している。そのCM（94年）に森高千里を起用した。CMソングの『気分爽快』は、森高が歌い、自ら作詞をしたもの。同じ男性を好きになった女性同士が一旦休戦し、ビールを飲み明かすという内容だった。かつてのサッポロビール「男は黙ってサッポロビール」(70年)へのアンサーという意図があったのかもしれない。

80年代のスーパードライのブームを機に、ビール業界は広告に力を入れ始めた。さらに、酒税法の改正でコンビニや量販店でのビール売り上げが増えていた。さらに飲酒人口も増加していた。団塊ジュニア世代が20歳の飲酒年齢を迎えたからだ。ビール系飲料の出荷ピークは、年間5億7321万2000箱で1994年のことである。

プロ野球ドラフト史上有数の大豊作世代

1991年の夏の甲子園大会の決勝戦は、大阪桐蔭高校と沖縄水産高校の組み合わせだった。沖縄水産の投手、大野倫(73年生まれ)は、沖縄県予選の時点ですでに肩を壊していた。これ以上投げられない状態のまま決勝戦に出場する。決勝での大野は、13失点を喫していたが、最終回まで投げ抜いた。試合後の検査で右ヒジ剝離骨折が判明。大野の投手としての選手生命はここで尽きた。優勝は大阪桐蔭高校。初出場での初優勝だった。大野倫はのちに九州共立大学では打者として活躍し、95年のドラフト会議で巨人から5位指名を受けてプロに進んだ。プロ野球では目立つほどの活躍はできなかった。

沖縄水産は、1990、91年と2年連続で決勝戦に進出していた。このときの栽弘義監督は、指導のために選手をなぐるのも当たり前という、破天荒で厳しい古いタイプの監督だった。大野の無理な起用についての批判は大きかった。大野が試合後のインタビューで、監督をどう思うかと聞かれて、「たっくるす」と答えたことが話題を集めた。沖縄の方言をメディアが「ぶっ殺す」の意味だと報道した。ただ、大野と栽監督は、互いに信頼関係を保ち続けており、実は「たっくるす」の発言のニュアンスを間違えて報道されたのだと、のちに大野はいう。それは沖縄の人間以外には伝わりにくいのだろう。方言を正確に把握するのはむずかしい。

この大会ではほかにも73年生まれが活躍した。のちにロッテのジョニー黒木こと黒木知宏が延岡学園高校（宮崎）で2回戦進出。のちに慶應義塾大学から西武ライオンズ入りした高木大成は、桐蔭学園高校（神奈川）で3回戦に進んだ。このときの1年生に高橋由伸（のち慶應→巨人）がいた。

1991年末のドラフト会議では、石井一久がヤクルト1位指名、鈴木一朗（イチロー）は、オリックス4位指名、中村紀洋が近鉄4位指名だった。ハマの番長こと三浦大輔が横浜から6位指名。のちに実業団を経て入団した73年生まれには、松中信彦と小笠原道大がいる。

平成時代唯一の三冠王、松中は1996年のドラフト会議で新日鐵君津よりダイエーホークスにプロ入り。同年、小笠原もNTT関東から日本ハムに入団しプロ入りを果たしている。

翌1992年の甲子園では、星稜高校の松井秀喜（1974年生まれ）の5打席連続敬遠が話題になった。2回戦の明徳義塾高校対星稜高校である。高校野球でそこまでやるのか議論を呼んだ。ツーアウトランナー無しの場面での敬遠にスタンドからは大量のメガフォンが投げ入れられた。策は成功、明徳義塾は2－3で勝利した。

試合後の両校の挨拶で松井は、帽子をとって頭を下げたが、目線は交わさなかった。感情を押し殺していたのだろう。明徳義塾への批判の声は、強かった。宿泊先からの選手たちの移動にも厳戒な警備が必要だったほどだという。また試合翌日の宿舎には2000本の電話がかかってきたともいう。ただ大会の優勝（西日本短期大学附属高校）より5打席連続敬遠の方が注目されたことで、松井の怪物ぶりが引き立てられた。松井はこの年の11月のドラフト会議で4球団からの指名を受け、長嶋茂雄監督がくじを引き当てて、巨人に入団する。

ドーハの悲劇とジョン・カビラの悲痛の声

1993年5月15日に開幕したJリーグ。ジーコやゲーリー・リネカー、リトバルスキーら世界的な有名選手が日本でプレーしたことが話題になった。まだぎりぎりジャパンマネーが通用した時代ということだ。

93年はワールドカップ予選の年でもあった。10月からアジア最終予選が開催された。いわゆるドーハの悲劇のときの予選である。6か国での総当たりの短期決戦。当時の日本はまだW杯に出場した経験がなかった。特に重要だったのは、4戦目の韓国戦である。この試合でゴールを決めたのは三浦知良〝カズ〟。一度、空振りしたボールが味方に当たり、再度カズの目の前に転がってくる。カズがそのままゴールして勝利。苦手としてきた韓国に勝つことで、メディアもファンもW杯出場は間違いないと確信していた。出場経験がないというのは、そういう勘違いを生む。

ちなみにこのドーハのときの代表選手の最若手は澤登正朗で70年生まれである。直前までは、72年生まれの山田隆裕がメンバー入りしていたが、出場機会のなさに嫌気が差し、代表辞退していた。

最終節のイラク戦は、1993年10月28日のこと。試合開始5分にカズが得点。後半に追いつかれたが、〝ラッキーボーイ〟中山雅史が追加点をあげる。実況を担当した、テレビ東京・久保田光彦アナウンサーが「今ここで初めてW杯出場がもう眼前に迫っています」と87分の時点で口にしている。このあと言うべき〝決め台詞〟の準備に入っている感が伝わる。90分が過ぎたロスタイム、ショートコーナーでつないだイラクの選手がクロスボールをゴール前に送り、少し距離がある場所でイラク選手がヘディングでシュートを放つ。ふわっとした軌道のシュートになったことで、GKには難しいボールになった。そのままボールはゴールに吸い込まれた。

「決まった」と発したのちに実況が何も言わなかった。のちに「沈黙の30秒」と呼ばれる事件。実際に当時久保田は、終盤に入って「勝った際のコメントを考え始めていた」(読売新聞オンライン「ドーハの悲劇…実況アナウンサーが「沈黙の30秒」に考えた二つのこと、我に返った言葉とは?」)という。久保田が実況に戻ったのは解説者の「いやあ」の声で我に返ったときだったという。

茫然自失になったのは、実況アナだけではない。平均視聴率は48・1パーセント。日本人の約半数が見ていたといっても過言ではない数字。とはいえ、まだインターネットもSNSも普及していない時代である。どこかでその感情を共有するためのメディアはなかった。家でひとり、それを見ていた当時の僕は、そのまま朝まで起きてラジオのジョン・カビ

FIFA サッカーW杯　アジア最終予選　1993年10月28日
ラモス瑠偉　日本代表はイラク代表と最終第5戦で引き分け本選出場を逃す「ドーハの悲劇」 写真：岡沢克郎/アフロ

ラの第一声を待った。サッカー好きのカビラはどう感じているだろう。

7時からのJ-WAVE『TOKIO TODAY』。いつもなら「グーーッモーニングトキオ！」と番組を始めるジョン・カビラだが、この日はその入り方ではなかった。カビラが当時を振り返るインタビューで応えているのは、「半分泣きながら放送していたような気がしますね。茫然自失」（『LIBRA Vol.13』聞き手、町田弘香）というもの。僕の中の記憶では「なんということでしょう」が第一声だったような憶えがある。正確なところは忘れてしまった。本人ですら忘れているのだから仕方がない。

通信カラオケと、「歌はうたうが、音楽は聴かない」時代

カラオケの歴史には、いくつもの重要な発明があった。『カラオケ秘史　創意工夫の世界革命』を書いたジャーナリストの烏賀陽弘道によると、カラオケ史における3大発明はカラオケ装置、カラオケボックス、通信カラオケだという。なかでも通信カラオケの歴史はこの前後の時代のテクノロジーと結びついていて興味深い。

1992年にタイトーの「X2000」、2か月遅れてエクシングの「JOYSOUND」が登場。第一興商の「DAM」は94年に遅れて登場。初期の通信カラオケは、曲のリクエ

ストを入れてから待たされた。リクエストが重複した際に、サーバーに負荷が掛かったからだ。JOYSOUNDは、複数の中継基地を間に置くことでそのタイムラグをなくしたという。

通信カラオケ端末とはどういうものか。初代のJOYSOUNDの端末、「JS-1」は、MIDIデータの受信機能と音楽の再生機能をミックスさせたものだ。ハードディスクにはあらかじめ3000曲分のデータが保存されていた。これらの機能が揃ったミニコンポ程度のサイズの端末。それ以前のオートチェンジャー式のCD、LDカラオケの再生機は、巨大冷蔵庫サイズだったから、カラオケ店は、喜んで導入したという。新曲が日々、電話の回線と接続することで追加できた。

『カラオケ秘史』では、通信カラオケの前身にも触れられている。

80年代のパソコンゲーム用の自動販売機システムのTAKERUが改良され、通信カラオケに進化したというのは驚きである。TAKERUは、定着しなかった技術だが、ゲームを配信によって提供するという当時としては画期的なアイデア、技術によって登場したもの。そこで生まれた中継サーバーや電話回線を利用するノウハウが、通信カラオケに転用されたのだ。

90年代のJポップのブームは、カラオケ人気に引っ張られていた。音楽の市場規模は、オーディオレコードよりもカラオケの方がはるかに上。烏賀陽によると「歌はうたうが、音楽は聴かない」人が500万人ほど多い（05年）計算になる。

88年に規格が登場した8センチのシングルCDでは、カップリングとしてカラオケバージョンが収録される流れが定着。ヒット曲も、サビ始まり、平坦なメロディなど、カラオケに対応して変化した。

デンモク（電目）の登場は02年のこと。これ以前は、紙のソングブックで曲を探し、リモコンでリクエストを送信するスタイル。デンモク以後、曲名や歌手名で検索するスタイルになった。JOYSOUNDは2年後にタッチパネル式「キョクNAVI（曲ナビ）」を開発。相撲界で日馬富士が貴ノ岩をデンモクで殴るという画期的な使用法がされたのは17年。歌本の廃止は、DAM、JOYSOUNDともに2020年のこと。

1993年の解散総選挙とプロンプター時代

1993年の衆議院選挙は、73年生まれが20歳を迎え選挙権を得る年に行われた。

リクルート事件、東京佐川急便事件と続き、政治と金を巡る問題が国会で追及されている。この年の総選挙前の衆議院解散は、「嘘つき解散」と呼ばれた。選挙制度改正が先延ばしされていることに野党が反発し、宮沢に内閣不信任決議案が出された。通常なら否決される議案だが、このときには、自民党内で造反があった。野党の不信任が可決され、解散総選挙という流れが生まれる。解散後、自民党の一部議員が党を割り、新党ブームが起こる。

この第40回衆議院議員総選挙では、その後、有名になる政治家たちが数多く初当選している。自民党の安倍晋三と、共産党の志位和夫は、同い年で当選も同期。他にも岸田文雄、野田佳彦、野田聖子、枝野幸男、茂木敏充、小池百合子、田中真紀子、高市早苗、前原誠司、海江田万里らもこのタイミングで初当選を果たしている。この選挙の結果を受け、55年体制以降、初の非自民党政権が誕生する。8つの小党による連立政権で、日本新党の細川護熙が首相となった。

細川は首相候補の本命ではなかった。細川が提案していた政策は「廃県置藩」、「幕藩体制下の分権的国家システム」など、冗談かお殿様の戯れか判別がつかないものばかりだった。細川護熙は、演説の際にプロンプターを活用した最初の首相とされている。

プロンプターは、アメリカの政治家が使っていたものでもあるが、歌詞が表示され、歌うタイミングまで指示される当時流行のカラオケ装置と似た仕組みを持つ。目線を落とさずに、観客やカメラを向いて演説ができ、政治家にとってはカラオケ以上の重要な発明品。当時、衆院議長に就任した土井たか子元社会党委員長もカラオケ好き議員として知られて

細川護熙首相　年頭記者会見　撮影は1993年12月　写真：毎日新聞社/アフロ

いた。得意としたナンバーは『マイ・ウェイ』だったという。

『ゼクシィ』の創刊とブライダル情報戦時代

結婚情報誌『ゼクシィ』の創刊が1993年のことである。その前に『けっこんぴあ』も刊行されている。婚礼ビジネスが「情報戦の時代」（『冠婚葬祭のひみつ』斎藤美奈子）を迎えたのが90年代初頭のこと。ちなみに、90年に礼宮文仁親王と川嶋紀子、93年には皇太子徳仁親王と小和田雅子のご成婚があり、プリンセスブームも盛り上がっていた。

当初の誌名は『XY』で〝出会い〟の支援やデート情報を織りまぜた内容。95年6月号より、結婚式場の選び方を始めとしたウェディング情報に特化した内容に変貌した。ホテルや式場、レストランなど結婚式及びその前後のイベントにまつわるガイドである。日本の婚姻数は、70年代初頭にピークを迎えている。団塊の世代がそのときの新婚世代だ。数字としては、以後ずっと落ちていく。ただ、婚姻件数は90年代に入って少し上向く。産業としてのウエディング業界は、その婚姻数の増加をはるかに上回る勢いで伸びていく。

80年代は、新郎新婦がゴンドラに乗って登場するような派手な結婚式が人気を集めていた。その背景には、芸能人の結婚式中継の全盛時代だったことも関係しているだろう。90年代になると、ゴンドラを使った派手な結婚式が急速に嫌悪の対象になった。そのかわりに式場や様式にも多様な選択肢が登場する。結婚が家と家の結びつきの意味を持っていた時代から、個人同士のものへという変化もあった。

「私が知る限り、これは日本一厚い、そして重い月刊誌」と斎藤美奈子は『ゼクシィ』を評している。『広辞苑』より重く、平均的なページ数が1000ページを軽く超える。こんなものを年間購読しようものなら、最初の1、2年で床が抜けてしまうが、そうした読者はまれである。1、2号買えばことが足りる、ごく実用的に消費される雑誌である。

発行元はリクルートで、今思い起こせば、リクルート事件の熱が冷めていない時期に『ゼクシィ』は創刊されている。事件の当時、リクルートほど悪者にされた企業はいなかったが、企業としての勢いを失うことなく、雑誌ビジネスを順調に進めていたのだ。

山口智子の主演ドラマに見る90年代女性の働き方

1996年のドラマ『ロングバケーション』で山口智子演じた葉山南は、結婚を逃した31歳のモデルである。売れっ子とはほど遠い。ドラマは、新郎に式をドタキャンされ、新婦姿のまま新郎を探しにあわてて街を走っている場面から始まる。その南の結婚相手と同じ家に住んでいた同居人が木村拓哉演じる瀬名秀俊だった。開き直ったヒロインは、逃げた新郎の部屋に居着く。

あっけらかんとした南と、やや困惑する瀬名のシェアメイトとしての関係が始まる。年の差がある2人でもある。とりあえず始まった共同生活、そこから少しずつ関係が深まっていく。人生であわてる必要などない、そう気がついたヒロインが長いバカンスのように人生を生き始める。脚本家は北川悦吏子。

95年の『王様のレストラン』の山口智子は、シェフの役を演じていた。決まったメニューしかつくれない、やっつけで仕事としてこなすだけ。実はシェフとしての才能を秘めていることを、松本幸四郎演じる一流ギャルソンに見いだされ、仕事におもしろさを見いだしていく。脚本家は三谷幸喜。

さかのぼって山口は、94年の『29歳のクリスマス』では、恋愛にも仕事も行き詰まっている29歳の矢吹典子を演じていた。典子は、誕生日の当日に恋人にふられる。仕事はファッション関連の会社で、パリで仕事をするという夢を持っているが、その夢とは真逆に、会社の都合で新規事業である飲食店の店長に抜擢されてしまう。20代最後の年に人生の計画がくるってしまうヒロイン。脚本家は鎌田敏夫。

ドラマは、典子、松下由樹演じる彩、柳葉敏郎演じる賢による3人の同じ家でのシェア生活が描かれる。とはいえ、ありきたりな三角関係ではない。ラストで典子は女2人の暮らしを選ぶ。シングルマザーの道を歩もうとする彩に典子が寄り添い、同居生活を始める。典子は、結婚と同時にイギリス移住の話があったが、それよりも自分の足下の生活、今の仕事に注力する道を選ぶ。シスターフッド的なドラマの先がけであった。

90年代を通して山口智子が演じた役柄は、脚本家こそ別々だが、共通するひとりの人物を演じたような印象を受ける。南の物語も、シェフの磯野しずかの物語も、典子の物語もどれも等身大の仕事と人生を選び取る物語だ。時期的にはもっとも早いのは『29歳のクリスマス』で、その典子が原型になっているところがあるだろう。

最終回のエンドクレジットで松下由樹らがクリスマスの渋谷の公園通りではしゃいで歩いている場面がある。ドラマのハイライト場面の合間に登場人物ではない渋谷の街にいる人たちの写真が使われている。特別な誰かの物語ではなく、どこにでもいる29歳の物語だということが示される。ちなみに、このラストでかかっているテーマ曲は、マライア・キャリー（70年生まれ）の『恋人たちのクリスマス』。世界的な大ヒット曲だが、ドラマで使われるタイミングのほうがそれより少し前だった。

山口智子は、モデルとしてあがいていた20代半ばの時代をこう振り返る。

「私一人が庶民派の丸顔で、運動部的なガッチリ体型。ファッション撮影時のスリムな服のサイズに全然合わなくて、無理なダイエットをしたり、撮影する瞬間にお腹を引っ込めたり。「モデルは向いてない……」と思い知りながら、東京にいる理由を作るために足掻く」（『わたしたちが27歳だったころ』）という日々、役で演じるヒロインの姿と重なる。彼女にもそんな時代があったのだ。

小室ファミリーとつたなさと家父長制

1994年に『恋しさと せつなさと 心強さと』が200万枚突破の大ヒットとなった。この曲のヒットから小室プロデュースの大ヒット時代が始まる。

小室哲哉のプロデュースの特徴は、〝つたなさ〟である。歌詞の文法、微妙なタイトル。TRFの『Overnight Sensation ～時代はあなたに委ねてる～』。「時代はあなたに委ねてる」は、あなたに何を委ねているのかよくわからない。『恋しさと せつなさと 心強さと』も〝いとしさ〟を「愛しさ」ではなく「恋しさ」と記す理由がわからない。これらの小室節は「音楽だけで勝負するのは怖かった」（『GINZA』マガジンハウス、2017年4月号）という彼の自信のなさの現れにも映るが、それを武器にしたところもあるだろう。

小室プロデュースとは、歌手のプロモーションからジャケットのデザイン、アーティストの写真選びに至るまで、すべてを人に任せるのではなく、小室自身もトータルに関わる手法である。音楽を統一感のあるプロダクトとして生み出すだけでなく、プロの手に任せっきりにし、完成度の高い、おもしろみのない商品にしたくない。それが「音楽だけで勝負するのは怖かった」の意味だろう。〝つたなさ〟は武器でもあった。

プロデューサーを中心に複数のヒット歌手が生み出される状況は、音楽史上いくつか例がある。小室ファミリーは、アメリカの「モータウン」レーベルに似ているのだろう。レーベルの運営者であるベリー・ゴーディを頂点に、デトロイトで同じような音楽環境で育った歌手たちがデビューしていく。疑似ファミリーとしての音楽レーベル。実際にレーベル内の歌手たちは家族のような関係に置かれていた。

ベリー・ゴーディには父親感があるが、小室哲哉に父親感は薄い。ただその彼女の地位にいる歌手が〝プリンセス〟と呼ばれ、〝シンデレラ・ストーリー〟として語られていたのだから、家父長の位置にいたということ。小室ファミリーを構成するメンバーには団塊ジュニア世代の女性が多数含まれている。ｄｏｓ（96〜97年）の西野妙子（75年）、吉田麻美（75年）、華原朋美（74年）、ｇｌｏｂｅのＫＥＩＫＯ（72年）。

小室ファミリー内〝ファミリー〟でもっとも話題を呼んだのは安室奈美恵（77年生まれ）とＳＡＭの結婚・妊娠発表だった。１９９７年10月23日のこと。これ以前の日本には結婚前妊娠、できちゃった婚へのネガティブな捉え方があった。だが、これが意識変化のきっかけともなった。98年時点で20パーセントだった婚前妊娠の数値は、2005年には25パーセントまで上昇した。

安室奈美恵が歌った小室プロデュース作品『CAN YOU CELEBRATE?』は、小室特有の〝つたなさ〟を秘めたタイトルの曲のひとつだが、これも大ヒット。曲は、97年2月発売。結婚発表よりも半年以上前に発売されているので、婚前シングルである。結婚発表後にも再度売れ行きを伸ばし、安室奈美恵の最大のヒットシングルとなった。この98年が小室ファミリーブームの頂点の時代だった。

〝マシーンエイジヒーロー〟イチロー

イチローが活躍を始めた当初、バッティングセンターに通い詰めた少年時代のエピソードがよく取り上げられていた。気合いや根性とは無縁な新世代の登場、さらには部活の先輩後輩やしごきといった旧弊の野球のイメージの刷新。こうした印象とバッティングマシーンが結びついていたところがある。マシーンエイジ、イチローの登場は〝新しい世代の台頭〟でもあった。スポーツ界の73世代がプロの世界で活躍し始めたのは、この頃のこと。

1991年のドラフトでオリックス・ブルーウェーブから4位指名を受けたイチローは、そのまま入団。プロで初安打を記録するのは1992年7月12日のこと。ただし入団からしばらくは2軍中心の時代が続く。活躍を始めるのは、登録名が〝イチロー〟に変更され、69試合連続出塁の記録が生まれた1994年である。そして翌年の1月に神戸は、阪神淡路大震災を迎える。

この年の神戸は、交通網の整備もままならない状態。選手は「がんばろうKOBE」のワッペンをユニフォームにつけ、神戸の復興に向かうシンボルとしての優勝を目標に掲げた。イチローはこの年、首位打者、最多安打、打点王、盗塁王、最高出塁率の5冠王を獲得し、オリックスをリーグ優勝に導く。その後、2001年にメジャーリーグに移籍し、新人王を獲得。2004年シーズンには、262本の安打を放ち、84年ぶりに記録を更新する。

日本のメディアはアメリカでもイチローを追いかけたが、イチロー側は、取材陣にバリアを張っていたという。多くの質問が「次どうぞ」と受け流された。イチローが質問をスルーすることは、記者の間で知られていた。メディアとの微妙な距離感が、クールな求道者のイチローの印象を生んだところもある。

そのクールな印象が変わるのは、2006年の第1回WBC（ワールド・ベースボール・クラシック）でのこと。すでにイチローは、ベテラン組である。だが率先してベンチのムードを盛り上げ、フォア・ザ・チームの姿勢を見せ、日本の優勝に貢献。２００９年の第2回WBCにも出場した。このときのイチローは、準決勝までは絶不調。イチローが見せたことのない一面を見せた。成績は、38打数8安打、打率・２１１である。ただ、イチローでも打てないことがあるのかと、むしろチームは一丸となった。決勝の韓国戦は、９回を終えて３－３というスコアで延長戦に突入する。２アウト2、3塁の場面でイチローに打順が回ってくる。ここでイチローはセンターにタイムリーヒットを打った。日本はWBCで2大会連続優勝を果たす。

犯人たちの世代で見るオウム真理教の地下鉄サリン事件

オウム真理教の一連の事件は〝カルトに夢中になった若者〟が引き起こしたものだとされた。

ではその世代とは具体的にどの世代なのか。オウムのメンバーだった死刑囚のうち最も若かったのは、井上嘉浩で１９６９年12月28日生まれ。東京大学に在学中に入信し、サリンの製造、さらに事件を実行したひとりの豊田亨は、１９６８年1月23日生まれ。団塊ジュニアよりは、少し上の世代である。

オウム真理教　上九一色村の教団施設　1995年3月21日撮影
警視庁による家宅捜索は1995年3月22日に行われた　写真：毎日新聞社/アフロ

麻原彰晃と元幹部6人の死刑が執行されたのは、2018年7月6日。残り6人の同月26日の死刑執行によって、オウム真理教を巡る全裁判が終了した。強制捜査から死刑執行まで23年余りが経っている。逮捕当時40歳だった麻原は、死刑執行のときに63歳だった。

地下鉄サリン事件が発生したのは、1995年3月20日のこと。事件での死者は13名、被害者は6000人を超す。事件から2日後に山梨県の上九一色村の教団施設に強制捜査が入った。さらに麻原逮捕までは、2か月弱。Xデー（逮捕日）がいつなのかを待ち続けた間には、多くの噂や憶測が生まれた。

メディアや警察の中にもシンパがいるのではないか、残党勢力はどのくらい存在するのか、疑心暗鬼に駆られる側面があった。ロシアルートで手に入れた大量の武器や、地中に隠された大量のサリンの存在の噂もあった。前代未聞のテロ事件ゆえ、まだ続きがあるのではという想いを誰もが描いていた。多くは杞憂に終わった。

一方で、正気とは思えない妄想、組織名、教祖の言動など、どこまでいっても現実のものと結びつかないという疑問も拭えなかった。現代から見れば、Qアノンやディープステイトなどの陰謀論を信じて、米連邦議会議事堂の襲撃事件などを先取りした事件として見ることもできるだろう。

オウム関連の事件で特別手配犯として最後まで残ったのは、平田信、高橋克也と菊地直子の3人だった。この中で菊地直子は71年生まれで事件関係者の中の数少ない団塊ジュニア世代。17年の逃亡生活を送る。捕まったのちの裁判では、教団内で事件を知る立場になかったと無罪となった。

平田信は、2011年12月31日に逮捕された。大晦日の21時近くになって、警視庁大崎署に出頭しようとした。NHKの紅白歌合戦が始まっていた時間だ。大崎署に出頭したが、一旦は断念した。特別手配容疑者の情報提供を募るフリーダイヤルにかけたがつながらず、110番に電話し、出頭の担当先を訪ねた。平田は、出頭先として教えられた桜田門の警視庁本部に「特別手配の平田です」と出頭する。警察も大晦日に十数年逃げ続けているオウムの手配犯が出頭してくるとは思わなかったのだろう。それだけ長い歳月が過ぎている。平田が出頭したきっかけは、飼っていたペットのうさぎの死だった。懲役9年の判決。

高橋克也は、2012年の6月15日に大田区西蒲田の漫画喫茶にいるところを逮捕された。手配写真と似た男がいるとの通報があっての逮捕だった。無期懲役の判決を受けた。これがオウム関連事件の最後の裁判だった。

連合赤軍事件とオウム事件

オウム真理教の事件と連合赤軍事件は、比べて語られることがある。極左テロリズムとカルト宗教の暴走は別のものだが、豊かな時代の若者たちが社会の変革の手段としてテロを実行しようとした（オウムは実行した）という共通点がある。

連合赤軍事件の発生は、1971～翌72年にかけて。革命に備える軍事訓練を冬の雪山（山岳ベース）で行い、その間の約2か月に12名の仲間を殺害した。団塊ジュニア世代が生まれる直前の時代だ。リーダーの森恒夫とナンバー2の永田洋子が1944、45年生まれで、当時、28歳、27歳。他のメンバーは彼らより2、3歳若いので、いわゆる団塊の世代である。

桐野夏生の小説『夜の谷を行く』は、連合赤軍メンバーの無名の女性兵士に注目する。

「私、「女性兵士」と言われるのが、ものすごく違和感があるんです。私、兵士なんかじゃありませんでした。じゃ、どうして山岳ベースに行ったの？　と言われるでしょうが、私たちが呼ばれたのは、永田さんたちが、山岳ベースで子供を育てたい、皆で子供を産んで次の兵士を育てたい、という壮大な計画を持っていたからなんです」

連合赤軍の雪山キャンプに集まった中には、子どもの教育の役割で集められていた〝非兵士〟もいたという。『夜の谷を行く』の文庫版のあとがきで弁護士の大谷恭子が、「理想的な共同体をつくり、次の世代を産み育てる根拠地としても位置付けられていた」という連合赤軍事件の側面に触れる。

生後2か月の赤ん坊を連れてきた山本順一はリンチで殺害されたが妻は脱出。赤ん坊は別のメンバーが逃げる際に一緒に脱出し、のちに保護された。リンチで殺された金子みちよは、妊娠中（死亡時8か月）だった。その後の銃撃事件で捕まる吉野雅邦とのあいだの子である。この赤ん坊らは、1972年生まれ。自分と同じ世代であることを、『夜の谷を行く』を読む以前は考えたことがなかった。

連合赤軍は、2派が集まって生まれたものだ。武闘至上主義の赤軍派では、男は軍事、女は兵站と役割分担をしていた。革命左派は、半分が女性で幹部の女性比率も高い。婦人解放運動から来ているメンバーが多かった。両者は思想的に別の集団だった。

リーダーの森恒夫（赤軍派）は、乳飲み子を育てることには否定的だった。「ムチャだ。だいたい予防接種なんかどうするんや。こんな所で育てられるはずがない」（『十六の墓標（下）』永田洋子）と言っている。革命を非日常とみるか、日常の延長で、革命後の世界につながるものと捉えるか。連合赤軍のメンバー間でも考え方はまったく違っていたのだ。

ミニペットボトルが登場し、飲料水の主流が水とお茶に

連合赤軍事件は、2つのグループの山岳ベースでの合流時の言い争いから始まったものだった。

山に慣れていなかった革命左派のメンバーたちは、水筒を持参しなかった。それを赤軍派のメンバーが批判。この言い争いが、組織のメンツや権力の座を巡る主導権争いに発展したのだ。いわゆる水筒事件である。

この時代に気軽に持ち運べるペットボトルがあれば、悲劇は避けられたかもしれない。ペットボトルの発明は翌73年のこと。アメリカ人のナサニエル・ワイエスが特許をアメリカで取得して誕生。以後、ペプシコーラの容器に採用されるなどして世界的にも普及した。

ただ、このあと、500ミリリットルのミニペットボトルが日本で普及するまでは、四半世紀が費やされている。飲料水業界は、個人が持ち運ぶサイズのペットボトルは、ゴミの増加、環境的側面をふまえて業界が自主規制をしていた。リサイクルのシステムの完備とともに解禁されるのが1996年のこと。それ以前にエビアンのペットボトルを持ち運ぶ専用の革ホルダーが流行したことがある（93年）。だが、一般にまで普及するのは、自主規制解禁後のことだ。

一旦便利な商品が定着すると、それ以前のことを人は思い出せなくなる。日本人は、ペットボトル抜きに、どう日常的に水分を補給していたのか。

96年以前の日本では、外で喉が渇けば、自動販売機でジュースを買っていた。炭酸飲料と微果汁ジュースと缶コーヒーが主流。これで喉を潤すのは難しい、お茶の缶もあったがさほど普及していなかった。そもそも缶の飲料では、持ち運びは不便である。車のアクセサリーにドリンクホルダーは欠かせないものだった。アルミ缶のボトルもあったが、のちのペットボトルほどは定着しなかった。

500ミリリットルのペットボトルが登場すると、飲料水の主流が水とお茶に変わる。容器が変われば中身も変わるということ。

ミニペットボトル登場当時を代表する商品として思い当たるのは、キリン「サプリ」(97年〜)である。缶とペットボトル、両方での発売。当時の吉川ひなの出演のCMでは、缶がメインとして打ち出されているのがわかる。

96年に350ミリリットル缶で発売された「桃の天然水」は、翌年から500ミリリットルペットボトルとして登場。ヒットしたのは、ペットボトル以降。特に98年の華原朋美(74年生まれ)が「ヒューヒュー」というCMがきっかけとなってヒットした。

アトランタ五輪チームによるマイアミの奇跡

1996年のアトランタ五輪予選の時に結成されたU－23代表世代は、Jリーグにルーキーとして参加したプロ第一世代が中心となった。

横浜フリューゲルスですでにプレーしていた前園真聖、そして、「超高校級」「レフティモンスター」のあだ名をもち四日市中央工業で高校サッカー（帝京との両校優勝）のスターとなった名古屋グランパスの小倉隆史。この2人がそれぞれのチームの中軸でともに73年生まれである。その他のメンバーには、廣長優志、伊東輝悦、田中誠、服部年宏、松原良香らがいた。ここにさらに下の世代、城彰二、中田英寿、松田直樹、川口能活、安永聡太郎らが合流する。

アジア予選の直前に小倉が右足後十字靭帯を断裂し離脱したが、それが逆に予選大会での結束力に結びついた。アジア最終予選では、当時、日本よりも格上と思われていたサウジアラビア代表戦に勝利し、28年ぶりの五輪出場が決定した。

アトランタ五輪の本大会では、初戦で日本はブラジル代表と対戦する。ブラジルは、ジュニーニョ・パウリスタ、ジーダ、ロベルト・カルロスが73年生まれ。当時すでに彼らは、世界的な有名選手。ほかにベベット、アウダイール、リバウドたちがオーバーエイジ枠で加わる。

アトランタ五輪　1996年7月21日　前園真聖（キャプテン）
サッカー日本代表がブラジル代表を1-0で破る「マイアミの奇跡」
写真：アフロ

試合は誰もが予想したとおりの一方的な展開だった。ブラジルの無数のシュートをGKの川口能活が何度も防ぎ、数少ないチャンスを活かして点を取った。起点となった左ウィングバックの路木龍次が山なりのボールを前線に放り込む。ブラジルのGKとディフェンダーが交錯し、こぼれた球を中盤の選手である伊東輝悦が敵ゴールに蹴り込んだ。若手のジーダとベテランのアウダイールのコンビネーションがよくない。日本側の事前分析が功を奏してのゴール。路木のボールは、作戦通りだったのだ。

日本は、ブラジルには勝ったが、その次のナイジェリア（大会優勝国）に負けた。攻撃側の選手と守備側の選手で意見が分かれ、チームに分断が生じていた。そのことは、スポーツジャーナリストの金子達仁が『28年目のハーフタイム』の中で書いている。

ただ当時のメンバーの中には違った意見を持つ選手もいる。松原良香は「あんなのは普通だよ」とチーム内の分断がめずらしいことではないという（フットボリスタ「マイアミの奇跡を経て」）。ゲームの中で落とし所を探りながらプレーするのが通常だという。

前園真聖にとってこの大会が選手としての最盛期、頂点だった。この直後の海外移籍に失敗したことが、その後のサッカー人生に影響した。スペインのセビージャより移籍オファーが届いたが当時のJリーグが定めていた移籍係数の満額3億5000万円を横浜フリューゲルスが要求した。それが支払われるほど当時の日本人選手の評価は高くなかった。その状況が変化するのは、中田英寿のイタリア・セリエAでの活躍（１９９８〜２００６年）以降のこと。世界では、73年生まれのサッカー選手にファビオ・カンナヴァーロ、フィリッポ・インザーギ、クリスティアン・ヴィエリ（以上、イタリア）、クロード・マケレレ（フランス）、ライアン・ギグス（ウェールズ）、エドガー・ダーヴィッツ（オランダ）らがいる。

NECと〝国民機〟PC-98の転機

一度は普及したワープロ専用機がパソコンにとって代わっていくのが90年頃のこと。ビジネス用パソコンといっても、まだ実質文書作成くらいしかできることのなかった時代。その頃の国内のパソコン市場において圧倒的なシェアを誇っていたのは、NECのPC-98シリーズである。PC-98のパソコンを「国民機」と呼ぶことがある。厳密には互換機を販売したセイコーエプソンの広告コピーである。だがそう呼ばれておかしくないほど、標準的なパソコンの座をPC-98が占めていた。

それが、90年代中頃になると急速に勢いを失う。日本語に対応したソフトウェアの壁に守られてきた国内パソコン市場に、外国メーカーが参入してきた。IBMのDOS／V機が１９９０年に登場。アメリカの標準規格であるIBM互換機を日本仕様にしたもので、以後、量産PCメーカーが続々とDOS／Vに参入、市場を拡大させた。

なかでも92年10月、アメリカでは、〝1000ドルパソコン〟として知られていた薄利多売のコンパックが進出してくる。黒船到来。PC-98シリーズも低価格路線のシリーズ（93年1月に低価格の98FELLOW発売）で対抗する。

パソコンの市場全体は急速に拡大していた。それゆえ、すぐにNECの牙城が奪われたわけではなかった。95年時点でのパソコンの国内出荷台数は、570万台。その内の300万台がPC-98シリーズだった。圧倒的に優位な位置。ただ当時のパソコンの普及率は10パーセント台である。まだまだマニアのためのものではあった。

IBMとNECのパソコンの基本的な設計に大きな違いはない。ただ、どちらもウィンドウズのOSが走り、さらにその上で走るソフトウェアが主役となる。メーカーに関係なく共通プラットフォーム上でソフトが共有できるということは、当時は画期的なことだった。ただ一方で、PC-98の独自性や優位性は失われる。値段の安いウィンドウズマシンがシェアを増やし、PC-98のシェアが奪われるのは時間の問題だった。

NECは、97年にIBM互換機に参入し、PC-98と同時に販売する宣言をする。これが実質的な国産PC時代の終了の宣言だった。そこから6年後の2003年に、長い歴史を持ったPC-98シリーズの受注を終了した。

ＩＢＭ／ＡＴ互換機用の98シリーズは、以後も続く。だがＮＥＣは２０１１年にそのパソコン事業を中国のレノボに譲渡した。

緊縮経済と『ＬＯＶＥマシーン』とデフレ不況

１９９０年代半ばに日本経済が一旦、回復の兆しを見せたことがある。だがそこからさらに不況は深刻化する。不況が続いている中での緊縮政策の導入が傷を深くしたのだ。96年に総理大臣に就任した橋本龍太郎は、財政構造改革を旗印に掲げた。増税をセットにした財政再建路線がここから始まる。さらに、97年４月に消費税率が５パーセントに引き上げられる。同じ年に医療費負担も２兆円レベルで引き上げられた。どれも不況の中で行われたことだ。

97年後半に北海道拓殖銀行（11月17日）、山一證券（11月24日）が相次いで破綻、自主廃業。さらに翌年に日本長期信用銀行と日本債券信用銀行が破綻した。この年には、アジア通貨危機も重なっている。

日本はなぜこの不況時に緊縮財政に舵を切ったのか。「世論も財政再建で大いに盛り上がり、歳出削減が大きければ大きいほど良いという雰囲気だった」というのは経済学者の小峰隆夫（『財政再建VS積極財政　平成時代における財政再建への挑戦』）。日本社会全体が経済政策に無知だったということ。日本の経済成長率は、1997年には、マイナス0・7パーセント、1998年には、マイナス2・8パーセントと2年連続のマイナスを記録する。

振り返ってみれば、97年は激動の年で、東電OL殺人事件（3月）、神戸連続児童殺傷事件（6月逮捕）、ペルー日本大使公邸占拠事件（4月に突入、解放）、伊丹十三の自殺（12月20日）などもあった。

ゼロ金利政策が用いられるのは、1999年のこと。ただ、緊縮財政とゼロ金利政策が同時に採用されたため効果は薄かった。「まるでアクセルとブレーキを同時に踏んでいるような、素人目にもおかしいとはっきりわかる非協調的な政策運営であった」（『デフレ不況』）とエコノミストの田中秀臣が指摘している。のちのゼロ金利解除のタイミングもちぐはぐなものとなった。この頃から、物価が下がり続けるデフレーションの時代が始まる。

「どんなに不景気だって恋はインフレーション」（作詞・作曲：つんく）と歌われた『LOVEマシーン』は、99年、13歳の後藤真希加入後の最初のシングルで、オリコン3週連続ナンバーワンヒット。「恋はインフレーション」と、マクロ経済と恋愛を比較させているが、この年に日本は、全国消費者物価指数がマイナスに転落。すでに恒常的なデフレーションの状態が始まっている。

2001年度の『年次経済財政報告』に「日本経済は（既に2年程度緩やかな）デフレの状態にある」という文言が使われた。ここでの分析では、安い輸入品、景気にひもづく需要低下、金融の弱体化が原因とされている。また、戦後の日本の「初めての経験」とも触れられた。ただ、物の値段が下がり続けることの恐ろしさについては、まだ何も知らなかった時代でもある。

『リング』ブーム、貞子は団塊の世代

1998年にホラー映画『リング』がヒットした。

コテージを訪れた若者4人が、ちょうど1週間後に、突然、同じ時間に別々の場所で死を遂げた。それを知った主人公がコテージで見たのは、呪いのビデオテープだった。謎めいた映像のあとに7日後に死ぬというメッセージが告げられる。呪いを解くための方法は、イタズラと思われるダビングによって消されていた。

原作では謎を追うのは新聞記者の浅川和行だが、映画版では女性のテレビディレクターの浅川玲子に変えられている。演じているのは松嶋菜々子。73年生まれ。玲子と一緒にビデオテープの謎に挑むのは、大学の講師である竜司。2人は、ビデオに映っていた伊豆大

島に向かう。そこで昭和中期に起きた〝千里眼事件〟に行き着く。霊能力のある女性を公開で科学実験にかけたことが元になった事件で、女性はインチキであるとメディアによって糾弾され、一大スキャンダルに仕立て上げられたという、明治末期に起きた現実の事件がモデルになっている。貞子は、その女性の娘で、戦後の1947年生まれだ。団塊の世代である。ただし、享年20。のちに怨念として復活する。

呪いの手紙や怨念といった前近代的なオカルト要素に、ビデオテープという現代的なメディアを掛け合わせ、さらに遺伝子やウイルスといったテクノロジーの要素を加えたアイデアが秀逸だった。

貞子の生み出したリングウイルスは、非常に毒性が強く、ゆえに宿主に死を与える。毒性が強いウイルスは、蔓延前に途絶える可能性がある。弱毒化したウイルスの方が効率よく拡散できる。これは、Covid-19を経験したあとの現在の人類の知識だ。

映画ではテレビから貞子が這い出てくる。このショッキングな演出によって貞子は人気者になった。原作小説の貞子は、テレビからは出てこない。

『リング』の原作には、主人公がVHSかベータか、ビデオデッキの機種を問う場面がある。主人公は、子どもを救うため、車に自分の家のビデオデッキを積み込み、実家に向かう。万が一、実家のビデオデッキがベータだったらダビングができない。鈴木光司が小説を書いていた時期は1990年頃。高齢の両親であればずっとベータを使っていても不思議ではなかった頃だろう。意外なところにVHSベータ戦争が影響を及ぼしている。

クリントンの性的スキャンダル

アメリカの初のベビーブーマー世代大統領（1946年生まれ）ビル・クリントンのセックススキャンダルが発覚したのは、98年のこと。相手は、ホワイトハウスのインターンで73年生まれのモニカ・ルインスキー。最初の出会いは、49歳と22歳の頃で、親子ほどの年の差だった。

モニカとの関係を否定し続けたクリントンは評判を落とすが、嘘をつけば偽証罪に問われる連邦大陪審のまえでは事実関係を認めることになった。ただ当初の偽証と、さらにモニカに嘘の証言をするよう示唆したことが訴追の対象とされる。罷免には、議員の3分の2の賛同が必要。それは回避した。とはいえ、131年ぶりの罷免裁判にアメリカ中が沸いた。

大規模なスキャンダルだが、当時のアメリカの人々は、連日の報道にうんざりもしていたようだ。「実は私もクリントンとセックスをしました」という、掲示板方式のジョークサイトも話題を集めた。エリート階級、堅物のイメージもあったクリントンが不倫を認めたことで、はじめて親近感を持つようになったアメリカ人も多かったという。

ルインスキー側から見ると、事件には別の側面もあった。大統領と22歳のホワイトハウスのインターン生。世界一の大国の大統領と一般女性は対等ではなかった。むしろルインスキーは矢面に立たされ、好奇の目や批判の声を彼女は目の当たりにした。

インターネットの普及からまだ間もなかったが、ルインスキーは、テレビや新聞などマスメディアだけではなく、ネット世論の攻撃を浴びた。「私はインターネットの時代になって、最初に世界規模で屈辱を受けた第一号だった」と。２０１５年のＴＥＤで自分の当時の事件とその影響について語っている。

日本では、クリントンのスキャンダルと同時期に、46年生まれでクリントンと同じ年の菅直人・民主党代表（当時）も女性スキャンダルで話題になった。相手は、当時30代のＴＢＳの女性キャスター。「一夜はともにしたが男女関係はない」のセリフがなかなかの名言だった。

グーグルのペイジとブリン

１９９８年2月4日、マイクロソフトＣＥＯのビル・ゲイツがベルギーのブリュッセルでパイを顔にぶつけられるという出来事があった。当時、世界一のお金持ち、『フォーブス』長者番付で４年連続1位。この年からマイクロソフトの「反トラスト法」の裁判も始まっている。ＯＳにバンドルされたインターネットエクスプローラーがインターネットブラウザー競争を阻害した疑い。マイクロソフトの分社も真剣に検討された。

インターネットが普及する前に人はパソコンを何に使っていたのか。また、ＳＮＳが普及する時代（２０００年代後半）以前、ネットで人は何をしていたのかも不思議。そして、グーグルが普及する以前に、人はどのように調べ物をしていたのか、今となっては本当に不思議である。テクノロジーは一旦普及し人々の生活を一変させ、さらにそれ以前の状態を忘れさせてしまうところがある。

98年8月には、アップルからｉＭａｃが発売された。スティーブ・ジョブズの復帰がその前々年のこと。ｉＭａｃは大ヒットはしたものの、ウィンドウズＯＳに対してのアップルＯＳのシェアは微々たるものでしかなかった。パソコン市場での〝ウィンテル〟陣営の優位は揺るがない状況。

グーグル社が創業し、検索エンジンのサービスが始まったのは98年。立ち上げたのはスタンフォード大学で研究をしていた2人の学生。彼らが利用していた研究棟の名前は、「ゲイツ・コンピューターサイエンスビルディング」という名で、ビル・ゲイツが多額の寄付をしてできた建物だった。

ラリー・ペイジとセルゲイ・ブリン。ペイジは、ミシガン州の出身で子どもの頃から父親の影響でコンピューターに触る機会に恵まれていた。ブリンはソ連出身、6歳の頃に両親と一緒にアメリカに移住してきた。父親は数学者だった。移民の子どもが教育に恵まれ、起業に結びつくあたりが、アメリカらしい話だ。グーグルの創業者2人は73年生まれ。ちなみに、初期からグーグルに参加していた社員たちには、両親が大学に勤める研究者や教育関係者が多かったという。

グーグルは、当時のウェブ企業がコンテンツ情報満載のポータルサイトを目指す中、シンプルなページ検索機能オンリーのものとしてスタート。独自のページランクの方式を利用した検索の精度は高く、表示されるまでのスピードが画期的に早かった。

GAFAと呼ばれる多国籍プラットフォーム企業の内の3社が、すでにこの頃に頭角を現していた。残りの一席のフェイスブック、マーク・ザッカーバーグの起業は、少しあとの2004年のこと。

73年生まれのお笑い芸人をブレイクした順に並べると

1973年生まれのお笑い芸人は数多くいるが、もっともブレイクが早かったのは、ロンドンブーツ1号2号の田村淳（73年）と田村亮（72年）。銀座の吉本の劇場で人気を集め、95年にウッチャンナンチャンが出演する深夜の『UN FACTORY カボスケ』に出演するようになる。TBSの『急性吉本炎』（95〜97年）の中の「BINTA!」というコーナーでは、コギャルブームの頃に、ギャルにカードを引かせ、1万円かビンタからの二択を迫る。ビンタをする役に向かなかったのは性格の優しい亮、手加減しない役回りを淳が引き受けるようになっていったという。その後のレギュラー番組『ロンドンハーツ』は、PTAが発表する「保護者が子どもに見せたくない番組」のアンケートで9年連続ワースト1位という記録を打ち出す。

ラーメンズのブレイクは、99年ごろ。『爆笑オンエアバトル』への出演などがきっかけ。小林賢太郎、片桐仁ともに73年生まれ。多摩美術大学版画専攻の同級生。記憶に残るのは、アップルが2006年から数年に渡って流していた比較広告シリーズ。小林がMac役で片桐がパソコン役。「Get a Mac」の世界的なシリーズで、Macのクリエイティブなイメージと、仕事用のパソコンとの違いを強調するもの。

バナナマンは、2003年の『内村プロデュース』で若手として出演してから名前を知られるようになり、2005年の『クイズプレゼンバラエティーQさま!!』の企画「コンビ解散ドッキリ」などでブレイク。日村勇紀が72年、設楽統が73年生まれ。

東京03は3人組で飯塚悟史と角田晃広の2人が73年生まれ、豊本明長が75年生まれ。2005年頃から『爆笑オンエアバトル』や『エンタの神様』に出演し、2009年のキングオブコントで優勝。オールスター感謝祭に出演した。吉本新喜劇の座長を務めていた小籔千豊のブレイクは、『すべらない話』に初登場した2007年頃。当時は大阪中心の出演で所属を東京に変えたのは2011年。

脱消費世代をターゲットにした共同プロジェクトW・iLL

1999年にW・iLLという異業種合同プロジェクトが誕生した。

当時のホームページにあったコンセプトは「ニュージェネレーション層に対する新たなスタイルの発信を目指した異業種合同プロジェクトです」とある。当時の「ニュージェネレーション」は、団塊ジュニア世代のこと。73年生まれが当時26歳。若者世代が、これまでのようには消費をしないことへの対応を模索するメーカーたちをまとめたのが広告代理店の電通である。「ニュージェネレーション層」には注釈があり「情報ネットワーク社会の中で能動的な情報選択を行い、自分なりの「こだわり」を大切にするという傾向を持つ」層だという。ネット以前の世代と以後の世代では、消費のあり方が変わる。当たり前といえば当たり前の分析である。

ＷｉＬＬのプロジェクトに参画していたのは、花王、トヨタ、パナソニック、アサヒビール、近畿日本ツーリスト、グリコ、コクヨといった、ばらばらの分野の企業たち。「遊びゴコロと本物感」を商品企画の基軸として展開し、表参道に商品の展示と販売を行うコンセプトショップがオープンした。「ＷｉＬＬ」のブランド名が前面に打ち出され、商品デザインは、イメージカラーのオレンジで統一された。広告、プロモーションは電通が担当し、各社共同という形で行われていた。モノが売れなくなった。大手企業はこぞってそう感じ取っていた。今にして思えばその原因は不況である。若者の「こだわり」は関係ない。

日本の自動車の新車販売台数は、91年をピークに下降線をたどる。73年生まれがちょうど運転免許証を取得し、クルマを購入する年代に差し掛かった矢先のピーク。これも若者のクルマ離れというよりも、景気の悪化が問題だった。

ちなみに「ＷｉＬＬ」のプロジェクトは、およそ6年間継続した。終わりのことは記憶していないが、徐々にプロジェクトをたたんでいった。ＷｉＬＬの成果で言えば、トヨタが出したＷｉＬＬ Ｖｉは今でも走っている車両を見かけることがある。発売は２０００年1月。中古市場ではまだちょっとした値段がついている。「かぼちゃの馬車」とも呼ばれた個性的なシルエットにはファンもいた。２０２２年10月に京都市の東福寺にある現存する日本最古の便所として知られる文化財に乗用車が衝突。その写真に写っていたのはＷｉＬＬ Ｖｉ。これはこれで文化財である。

第3章

1973年は、どんな年だったのか

パニック小説と難民

1973年はどんな年だったのか。

小松左京の『日本沈没』の小説の刊行と映画公開が73年のこと。小説は累計460万部の大ベストセラーとなった。

これは、日本が世界から見捨てられる小説である。日本列島が地殻変動によって沈むことがわかり、世界中に日本人の難民としての受け入れを要請する。だが、どの国も相手にしてくれない。日本人の大半は、外国語が苦手で地域に溶け込むことも苦手だろう。これでは受け入れは無理ということになり、日本人に絶望が訪れる。そして、思いのほか日本の沈没も早く進む。さすがに世界は日本を見殺しにはせず、救出された7000万人が世界中に散らばって難民としての生活を送ることになる。

つまりは、『日本沈没』は繁栄した安全な島国でぬくぬくと生きてきた日本人への警告である。世界は、もっとたいへんな事態が起きている。日本も他人事ではないのだと。

当時の『平凡パンチ』(1973年9月3日号)の中で小松が話しているエピソードがある。夜中に『日本沈没』の読者から小松の家に電話がかかってきた。自分の所有している茅ヶ崎の土地を危ないから早めに手放したほうがいいのか、真剣に相談の話をする電話だったという。物語の序盤では、三浦半島が最初に沈む。フィクションと現実の区別がつかない人が心配して電話をかけたのだ。

73年、当時の日本は突然、多くの危機にさらされていた。第四次中東戦争、オイルショック、トイレットペーパーなど石油製品の買い占め騒動、狂乱物価。ちなみに、これらは、一連のつながりのある出来事として教科書で習った記憶があるが、少なくとも狂乱物価とオイルショックのあいだには、なんの関係もなかった。

物価高騰は当時の金融緩和政策が生み出したもので、オイル価格の上昇はその原因ではない。トイレットペーパーの買い占め騒動も中東戦争とは関係がなかった。スーパーの店頭で起こった単なるパニックである。当時は新聞が大豆や木材などの価格高騰や紙不足など、パニックを煽るような話をこぞって記事にしていたこともある。石油製品が不足するというデマが買い占め騒動を生み、各地に広まった。

集団心理のようなものとして、当時の人々は、噂やデマに流されやすい状態におちいっていたのだろう。直前までの若者世代（つまり団塊の世代）が一触即発の様相にあったことも関係していたのだろう。

コインロッカーへの乳児遺棄の時代

村上龍の3作目の長編小説『コインロッカー・ベイビーズ』は、コインロッカーに遺棄され、生き延びた2人の子どものその後を描いた小説である。

キクとハシは、施設で育ち、のちに子どものいない夫婦の元に一緒に引き取られる。ハシは高校時代に家出をして、陸上の選手となっていたキクはハシを探しに東京に向かう。東京には薬島と呼ばれる金網で封鎖された立ち入り禁止地域ができている。小説が書かれたのは1980年で舞台は近未来。薬島は、新宿西口の高層ビル群の辺りで、そこは浮浪者や犯罪者が生活をするスラムになっている。家出をしているハシは、売春をしながらそこで歌手を目指して生きている。キクもハシを探しにこのフェンスの先の世界に入り込んでいく。

孤児の2人が荒廃した近未来の東京を舞台に、本当の親を探し、それを乗り越え冒険をする物語。キクは、自分を生んだ母親を探り当てるが、見るなり殺してしまい殺人犯となる。

小説が刊行される7年前、つまり73年にコインロッカーでの遺棄死体の発見が相次いだ。捨てる側は、誰かに見つけてもらい、乳児が助けられる希望を持っているからコインロッカーを選ぶのだろう。放置された乳児が保護されるケースもあった。

『コインロッカー・ベイビーズ』の主人公たちも、このコインロッカーへの遺棄が話題を呼んだ時期に生まれた世代、つまり団塊ジュニア世代。1952年生まれの村上龍が、団塊ジュニア世代をモデルに小説を書いた。子どもの虐待が社会問題として浮上したのもこの頃で、厚生省は「児童の虐待、遺棄、殺害事件に関する調査」を行っている。

ぬくぬくと経済成長期を生きてきた日本人が、あわてふためく時代に突入する。その構図は、この『コインロッカー・ベイビーズ』も同じである。

乳幼児の遺棄事件の多くは、「未婚のままで家庭が築かれていない状態で生まれるケースが多数」と法社会学者の河合幹雄が『日本の殺人』の中で推察している。同時に「男性側の協力が期待できない状態」でもあるという。ただ、こうした事件は、80年代以降に減少する（ただ、90年代に下げ止まる）。子どもの数の増減とも関わりはあるが、それ以上に影響があるのは、「できちゃった婚」への「世間の冷たさ」だ。その意識が80年代に変化する。婚外子に対する差別的な視線が減ることで、80年代に入った頃に嬰児殺の件数が減る。コインロッカーへの置き去りも減った。

1973年の花柄のポット

岡崎京子の『ジオラマボーイ・パノラマガール』（1989年）は、団地に家族と住んでいる女子高生の春子の話である。主人公の春子は、物語の冒頭で「あたしこのポット見るたびゼツボー的になるの」「このダサイ高度ケーザイ成長センス」と心のなかでつぶやいている。彼女の目に映っているのは、自宅で使っている花柄ポットである。

母親とケンカした春子は、当てつけに柄のないシンプルなデザインのポットを買ってくる。母親はそんな春子を叱り、「コレはあんたがお嫁に行くときもってきなさい」と返している。「何でえ？　使えばいーじゃん」とへそを曲げる春子だが、一方で自分がお嫁に行く姿を思い浮かべる。団塊の世代と団塊ジュニアの世代間の価値観の違いが、ポットの柄で示されている。

かつては、どこの家庭のお茶の間にもポットが置かれていた。花柄ポットが発売されたのは67年のことだ。エベレスト印のナショナル魔法瓶工業の西岡鳴雄は「適齢期になった女性は訪問着をほしがるように魔法瓶では花柄を求めると思う。これは花柄が良いかどうかはムードの問題だ。魔法瓶業界もデザイン、色彩面で適齢期になってきたということだ」とそれが生まれてきた背景について語っている（全国魔法瓶工業組合ホームページより）。

「ムードの問題」という言葉が使われているが、インテリアやコーディネートという言葉がまだなかった頃の話だから「ムード」の語が使われていたのだろう。春子の母親が結婚するのは、花柄ポットが登場して間もない時代だった。母にとっては、昔の家の風習から離れた、自分の趣味で選べる時代の象徴が花柄だったのだ。これ以前の戦前世代（この漫画では、祖母も含む3世代同居が描かれている）となると嫁入り道具は、親に持たされるものだった。家父長制が強かった時代のこと。

母親は団塊の世代、80年代末に女子高生である春子は、団塊ジュニア世代。台所用品のデザインの選び方が違うし、その背景にある結婚観が違う。

ちなみに、花柄ポット登場期のポットは、まだ傾けて注ぐタイプ。73年に空気圧を利用した押しボタン式のポットが登場し、短期間で家庭のポットは押しボタン式に変わっていく。

少子化に日本人が気づいたのはいつか

1980年代の入り口として、いつも引っ張り出されるのは田中康夫の小説『なんとなく、クリスタル』（1980年）である。注の部分に注目が集まる小説だがストーリーもある。

主人公は、神宮前のマンション暮らしをする女子大学生でモデルの由利。フュージョンバンドのキーボーディストとして成功している大学5年生の彼氏と一緒に暮らしている。その彼が公演旅行でうちを離れる機会が多いため、由利はマンションでほぼひとり暮らし状態。六本木などのディスコで、私大に通う付属校出身の男の子たちと仲がいい。彼らは

「適当にノーブルで、ディレッタント」だという。たまに「ラブ・アフェアー」もこなす。
この小説のラストには、唐突ではあるが人口問題に関する引用が付け加えられている。

◎人口問題審議会「出生力動向に関する特別委員会報告」

①出生率の低下は、今後もしばらく続くが、八十年代は上昇基調に転ずる可能性もある。

②しかし出生率が上昇しても、人口を現状維持するまでには回復せず、将来人口の暫減化傾向は免れない。

日本がすでに人口を維持できないことが明らかになったという行政の文書の引用。小説のラストに置かれることで、これまでの物語が全部ひっくり返る。たしかに独身の主人公たちに次世代を産み育てていく予感は希薄である。

この小説を引き合いに出す批評家たちが、必ず引用するのが以下の描写だ。

野菜や肉を買うなら、青山の紀ノ国屋がいいし、魚だったら広尾の明治屋か、少し遠くても築地まで行ってしまう。パンなら、散歩がてらに代官山のシェ・リュイまで

買いに行く。（中略）
こうしたバランス感覚をもったうえで、私は生活を楽しんでみたかった。同じものを買うのなら、気分がいい方を選んでみたかった。主体性がないわけではない。別にどちらでもよいのでもない。選ぶ方は最初から決まっていた。
ただ、肩ひじ張って選ぶことをしたくないだけだった。無意識のうちに、なんとなく気分のいい方を選んでみると、今の私の生活になっていた。

当時は、純文学小説の中では、「気分のいいほうを選んでみる」というあっけらかんとした消費生活が語られることが目新しかったのだろう。必ずこの場面が批評の中でも取り上げられ、新しい価値観が描かれている小説として語られた。そして、決まってこの前後の時期に戦後の分断ポイントを見いだすのだ。

シャワー世代の『なんとなく、クリスタル』と朝シャン世代

『なんとなく、クリスタル』の件の場面のすぐ後には、シャワーの話が登場する。

「男の子に会う前には、シャワーを浴びてから出かける方がいい」

青山の紀ノ国屋や広尾の明治屋と並ぶ〝気持ちいいもの〟として「シャワー」が強調される。まだシャワーが庶民的なものではなかったということだ。

主人公のユリは、1959年生まれである。大学生になってマンション暮らしをする前は、きっと風呂釜だけのお風呂のユーザーだったはずだ。銭湯文化が根付いていた日本に内風呂が普及するのは、1960年代後半。裕福な家庭の出身であると思われる由利の家には、内風呂があったはず。風呂釜がユニット式として住宅に組み込まれたのが1970年代後半。シャワーの標準装備化も、概ねそれ以降のこと。

かぐや姫の『神田川』では同棲する男女が一緒に銭湯に行く場面が1970年代の若者風ライフスタイルとして描かれた。それが1980年代には、マイケル・フランクスを聞きながらシャワーを浴びるような生活を送る若者が登場したということになる。

団塊ジュニア世代は、子ども時代のどこかでシャワーが普及した世代である。そして、一気に朝シャンの時代に突入するのだが、その頃は、中学生である。洗面台メーカーのTOTOが洗面台に取り付けてシャンプーができるシャンプードレッサーを発売するのは1985年。商品企画のヒントになったのは「朝食を抜いてもシャンプー（洗髪）をする女子高生が大半を占めている」という市場調査の結果だった。

資生堂も朝のシャンプーを意図した商品「モーニングフレッシュ」を発売。バブル時代のボディコンファッションとセットだったワンレングスのロングヘアーを維持するために、朝のシャンプーという生活スタイルを持ち込み、「より年齢の低い女子高生の間に普及していった」(『1985‐1991 東京バブルの正体』昼間たかし)という。「朝シャン」が新語・流行語大賞(新語部門・表現賞)に選出されるのは、1987年。朝シャン自体は、一時的な流行で、その後定着しなかった。

高度経済成長期ビフォーアフター

1974年に合計特殊出生率2・05という数字が発表された。当時の日本が人口を維持するために必要な合計特殊出生率の数値(2・07)を割った瞬間だった。つまり1973年が出生数のピーク。以後、日本の出生数は、減り続けている。といっても日本の人口は、2005年まで増え続ける。人口減少は、出生率と死亡数という2つの値によって決まる。つまり、出生率が減ったからといって、すぐに人口が減るわけではないのだ。出生率と人口には、ずれがある。

1974年に将来の人口減少が視野に入った時代、社会がすぐにそれを危機として受け止めたわけではなかった。この年に開催される「第1回日本人口会議」の様子からも、その当時の社会の人口問題の受けとめ方を垣間見ることができる。国連が世界人口年と名付け、世界人口会議が開催されたこの年に日本では、その国内版が企画されたのだ。その宣言にはこういう文言が含まれている。

「まずわれわれは、わが国の人口増加率が、アジアでは最低なるが故に〝心配は無用だ〟という錯覚を、直ちにすてるべきである」

人口問題について危惧すべきと訴えているのだが、その心配の中身は、人口が増えてしまうことへの心配である。この会議は、ぬくぬくと経済成長期を生きてきた日本人に、危機感を突きつけようとしたのだろう。ちなみに、突きつける危機は「人口爆発」だった。

当時、アフリカ、東南アジア諸国で起きていたのは、年率2パーセント（1965〜70年）の人口増加。これは、35年で世界人口が2倍になる速度である。日本も同じ事態になったら大変というわけで、会議が発足したのだろう。日本に限定するなら、杞憂だった。ちなみに昨今では世界の人口増もかなり落ち着いて年率1・2パーセント（2010〜2015年）になった。

第1回日本人口会議では、ピルや避妊具の普及、母子保健行政の推進と同時に「子供は二人まで」という出生数の制限も提言していた。いわゆる〝家族計画〟。懐かしさを覚える響きである。

第1回日本人口会議には「わが国の〝静止人口〟達成計画」なる言葉も出てくる。SF味を感じる言葉。当時、この会議を進めた人たちは、人口コントロールのための行政機関、〝人口庁〟を設置すべきという流れをつくりたかったようだ。人口庁はできなかったが、約40年後に真逆の目的を持つ、少子化対策・子ども・子育て本部が内閣府に設置される。

堺屋太一の何も起こらないパニック小説

元通算官僚で作家、のちに経済企画庁長官となる堺屋太一は「団塊の世代」という言葉の生みの親である。元は小説の題名で、1976年に書かれている。つまり、学生運動の時代が終わって、かなり経ってから生まれた言葉なのだ。当時はベストセラーとなり言葉としては定着したが、小説としては誰にも振り返られないものになった。

近未来を描く連作短編。その中の1編である「与機待果」の主人公の富田は、老舗の電機メーカーに勤務している。富田は、ようやく社長室企画課長に抜擢され、意気込んで新規事業の提案をする。その中身はコンビニエンスストア・チェーン事業への進出案である。電機メーカーも競争が厳しく、その事業だけでは先が見えており、別事業の展開が求められている。富田の企画は社長に評価され、新事業部が立ち上がる。だが、新事業部では無駄な会議ばかりが繰り返され、議論を尽くせば尽くすほど、規模は縮小し、斬新な提案が骨抜きになっていく。

経営を任されるはずの富田は、気がつけばコンビニの店長になっていた。そして、所属を外され、本社に復帰することもできなくなっている。どうもおかしいと気がついた頃には後のまつりだった。

富田と同期で入社した社員たちも皆、同じ目にあっている。会社は大量に採用した富田の世代に十分な管理職のポストを用意できなかった。会社の経営が傾いていくなかで、その世代がスケープゴートにされたのだ。

他の短編でも、この富田と同様に団塊の世代が主人公だ。そして、同じような世代的苦境に立たされていく。自動車メーカー、銀行、国家公務員。

ちなみに、本作の冒頭で掲げられるのは、こんな警句だ。

一九六〇年代の「若者の反乱」は、
戦後直後に生まれた人口の膨らみが
通り過ぎる嵐であった。
かつてハイティーンと呼ばれ、

ヤングといわれた、この「団塊の世代」は、
過去においてそうであったように、
将来においても数数の流行と需要を作り、
過当競争と過剰施設とを残しつつ、
年老いて行くことであろう。

堺屋は、人口の多い団塊世代が日本経済をパニックに巻き込んでいくだろうと予測していた。おそらく、シンクタンクのローマ・クラブの「成長の限界」（1972年）の予測を参照していただろう。これは、人類の人口増加が、食糧不足や環境汚染、天然資源枯渇を引き起こし、経済成長が止まることを予測したもの。同じことを日本の大企業に当てはめた小説が『団塊の世代』である。

ただ現実の団塊の世代は、日本に経済パニックを引き起こす代わりに、かつてない好況の時代を生み出す。バブル時代の中核世代が、この年代だった。もし、堺屋の大不況の予測が団塊ではなく団塊ジュニア世代の行方を占ったものだったなら、かなり正確に言い当てていたことになったのだが。

第4章

自撮りとリアリティー番組の時代

2000年代

スティーブ・ジョブズ　iPhoneを発表　2007年1月9日　写真：AP/アフロ

初代自撮り用携帯電話が生まれるまで

カメラ付き携帯電話の「J-SH04」（Jフォン）が、2000年11月に発売された。当時、携帯電話のデザインの主流はストレート型からフリップ型に移行しつつある時期。J-SH04は、ストレート型の端末で、この製品の後継機である（同年12月発売）J-SH05では、折りたたみのフリップ型になり、液晶の画質の性能が向上している。

J-SH04に搭載されたCCDカメラの画素数は、11万画素（2022年発売のiPhone14のメインカメラが4800万画素）。表示する液晶画面の解像度は130×96ドットでしかない。それでもカラー表示が可能だった。カラー液晶機種が登場したのはこの前年である。それ以前の携帯端末には、グレースケール表示の機能しかなかったのだ。そして、大きな液晶画面やカラーの表示機能は、当初、バッテリーの消費速度を早めると一部ユーザーから嫌われていた。

J-SH04を開発したシャープの社内では、このカメラ付きの機種がヒットするという確信はなく、「半信半疑」（『ヒット商品の舞台裏』福冨忠和）で開発が進んでいたという。そもそも、写真を撮ったとしても、どんなシチュエーションで写真を撮るのか商品開発の担当者ですら思い浮かんでいない。そもそも、当時のカメラ付き携帯電話で誰かに写真を送ったとしても相手の端末にその表示機能があるとは限らなかった。技術的な難易度も高かった。携帯端末の厚みの中で収まるサイズのレンズの開発やカメラの機構などハード的な条件がある。ソフトウェアにしても、画像データの圧縮、送受信用のメール機能との連携など、開発の手間は格段に増える。メーカーとしては、余計な機能はなるべく増やしたくなかった。

画期的だったのは、自撮り用のミラーがついていたこと。初期のJ-SH04を使ったユーザーは、カメラで何を撮っていいか迷っただろう。ただ少なくとも、自分の顔を撮ることができるということは、誰でも想像がついたはず。

携帯のカメラで撮影した写真をメールで送信するサービスには、当初名前がなかったが、のちに「写メール」が定着する。「写メール」は、広告キャンペーンの名称だった。2001年6月に藤原紀香、酒井若菜らが登場する広告キャンペーンで「写メール」というワードが生まれ、以降、サービス名として定着。ちなみに「写メール」以外の候補もあったという。「パ写メール」「画メール」「画ビーン」「画チョーン」。もし「写メール」以外が採用されていたら、カメラ付き携帯電話の普及には、もっと多くの時間を要したかもしれない。ただし「写メール」の呼び名も2010年代に死語化した。

2000年代の冒頭で電話機にカメラの機能が付け加えられたことは、のちに大きな意味を持ってくる。

ネットバブルではどんなビジネスがもてはやされたか

ドットコムバブル、またはネットバブルの崩壊が２０００年のこと。日米で時期はほぼ同時だったが、別々の理由で崩壊している。

２０００年1月19日に日本のヤフー株が国内上場の株式として初の1億円を超えた。翌月には、1億６７９０万円になっている。２月２日の六本木ヴェルファーレで開催された参加者２０００人の「Ｂｉｔ Ｓｔｙｌｅ」というパーティでは、スイスのダボス会議に出席していた孫正義が「３０００万かけてチャーター機でかけつけました」と挨拶し、会場を沸かせていた。まだオン・ザ・エッジの社長だった時代の堀江貴文もここで挨拶をしている。当時は長髪で、カントリー調のシャツを着ている。Ｔシャツがトレードマークになるのはもっとあとの時代のことだ。

同じ頃に、26歳最年少での株式上場が話題を集めた。3月には、クレイフィッシュの松島庸が東証マザーズ、アメリカのナスダック市場上場を同時に果たした。直後にサイバーエージェントの藤田晋が同じマザーズに上場。松島も藤田も当時26歳。73年の生まれ。

ただこれらの上場の直後に、ネットバブルが崩壊する。

日本でのネットバブルの崩壊は、２０００年3月30日に光通信の大幅赤字が報じられたのがきっかけ。関連会社が相次いで破綻し、株価は急降下した。前年に、株価が急上昇していた光通信だが、20営業日連続のストップ安となった。ストップ安は、株式の売りが大量に出過ぎて、値段がつかない状態。この当時、毎日株式欄を確認していた記憶があるが、光通信の欄は、毎日空欄だった。

光通信は、携帯電話の販売店HITショップを運営していた。当時、架空契約の実態が週刊誌に暴かれた。時価総額は7兆円から100分の1まで下落した。前出のクレイフィッシュは、日本のベンチャーでも注目されていた存在。事業の中身は、中小企業向けのメールホスティングサービスだった。企業の名前でドメインを発行し、メールアドレスをつくる。その事業が先進的と思われていたところに時代を感じる。ネットバブル崩壊後、松島は経営から手を引き、会社名は変更、上場廃止に至る（事業は光通信が継続）。

アメリカでのドットコムバブル崩壊もほぼ同時期のこと。当時消えたサービスにどういうものがあったのか。「ペッツ・コム」は、ペットフードのオンライン販売サービスだった。広告キャンペーンに資金を投下したが破綻。ディズニーが米インフォシークを買収して始めた「ゴー・コム」は2001年3月に閉鎖された。

モー娘。中澤裕子の卒業とエイジレス時代

ドットコムバブルの崩壊とはまったく関係ないが、モーニング娘。の初代リーダー中澤裕子が2001年4月15日にグループを卒業する。

デビューのきっかけとなる『ASAYAN』のオーディションに合格したときは、24歳の会社員。第一期モーニング娘。ではメンバーの中で最年長。最初期のメンバーで一番年下の福田明日香とは、11歳の年齢差があった。

卒業の理由は、30歳を迎える前に、歌手・タレントとして独り立ちをするというもの。中澤が卒業する前年の4月に石川梨華、吉澤ひとみ、辻希美、加護亜依らが加入していた。その増えたメンバーたちが参加した最初のシングル『ハッピーサマーウェディング』は、5月の発売。この曲中の台詞を中澤が担当した。「紹介します　証券会社に勤めてる杉本さん　背はまぁ低い方だけど　優しい人　お父さんと一緒で釣りが趣味なの」（作詞・作曲：つんく）。

結婚相手を父親に紹介する場面の台詞である。「電話やメールじゃ　なんだから　直接顔見て伝えたいです」という歌詞と合わせて読み解くべきものだろう。あえて対面で伝えたい感謝の気持ちがテーマになっている。

YouTube（「モーニング娘。」チャンネル。ハッピーサマーウェディング』解説！）で中

澤裕子が楽曲の解説をしている動画がある。「結婚と引き換えにメンバーをやっている部分がある」と中澤は、当時を振り返っている。

結婚を巡る価値観に、当時と今の間で違いがあるだろう。ちなみに2000年の平均初婚年齢は、男性28・8歳、女性27・0歳である。卒業時の中澤の年齢は27歳。この時代のアイドルの活動期限は結婚の適齢年齢までという暗黙の了解のようなものがまだあった。

当時のモー娘。には、12歳のメンバー（辻・加護）が加入したこともあり、リーダーの中澤の役割が増えていた。「子どもが多い」「にぎやかな所帯」という当時の表現がある。メンバー間の年齢差は、〝女の子グループ〟に別の側面も与えた。いわば疑似家族的なものとしてのグループの側面である。

子ども所帯となったモー娘。が、〝あえて〟結婚をモチーフにした曲をうたった。しかもPVの衣装、楽曲は、オリエント風味にあふれるもの。複雑なディティールが絡み合っていた。歌詞の終盤の「これからも娘」というフレーズには、親子だけでなく、グループ名の〝娘〟も重ねられている。

現在であれば結婚とアイドル活動を両立し、さらに年齢を気にせずにそれらを続けることも当たり前。当時は過渡期である。

卒業の当時のインタビューに、年長アイドルの実践をポジティブに受け止めていたことを語ったものがある。「わたしのいいところは〝誰も経験したことのない年齢を、いつも先に行けるところ〟」（『モーニング娘。×つんく♂』能地祐子、２００５年）。

9・11のビル倒壊はどう映されていたか

ニューヨークの世界貿易センタービルの２つのタワーに旅客機が追突した。２００１年9月11日のアメリカ同時多発テロ。日本時間では、夜の22時直前。この事件を知った瞬間のことはよく覚えている。当時、僕はコンピューター雑誌の編集部に所属していて、会議の最中だった。何人かの携帯電話が同時に振動した。ショートメッセージの通知である。なにか重大な事件があったとすぐにわかり、皆でテレビのある場所に移動した。

テレビを点けて間もなく、２機目が隣のビルに激突する映像が流れてきた。２機目の突入の瞬間は、全世界がテレビの生中継で目撃した。

１機目の突入の瞬間が映された映像には、近くでガス漏れに対応していた消防隊員らの作業にカメラを向けていたものがあった。撮影していたカメラマンがとっさにカメラをビルの方に向け、奇跡的にその瞬間を捉えている。

社会学者のデイヴィッド・ライアンが、9・11のテロと監視社会の関連について触れて

アメリカ同時多発テロ　2001年9月11日
世界貿易センタービルに旅客機が追突　写真：ロイター/アフロ

いる。当時のニューヨークの街中に、監視カメラが設置されていた。9・11のテロ事件によってそのことが改めて認識されるようになった。一方で、ライアンは、この状況とリアリティー番組との結びつきにも触れている。アメリカでは2000年にテレビ番組の『サバイバー』がヒットし、以降、リアリティー番組が人気を集めるようになった。いわゆる素人参加型のバラエティー番組。『サバイバー』は、辺境の地に集められた人々にサバイバル生活を送らせ、賞金を巡ってゲームを行わせるもの。

リアリティー番組では、出演者たちが自由に振る舞っているように見える。だが、彼らは撮影されることを了承した上で、そう振る舞っている。市民も自由に生活を送っている。それは実際には、カメラのレンズに晒されながらのもの。無言のうちにそれを了承してしまっている。9・11のビル倒壊の映像群も、ほとんどは監視カメラのものだった。社会は、無言のうちに、これらの存在を自ら受け入れるようになっていた。

『あいのり』とロンドンブーツの恋愛のぞき見番組

防犯カメラがそこら中に置かれるようになり、どこかで自分も撮られているかもしれない。

リアリティー番組とは、台本や筋書きがない状態で出演者の行動を映すテレビ番組のことで、素人が参加するゲーム形式のものから有名人の生活にカメラが入るものまで幅広い。他人の行動をのぞき見する的なところに魅力がある。

男女7人が同じバン〝ラブワゴン〟に乗って世界各国、国境を越えながら旅をする『恋愛観察バラエティーあいのり』(フジテレビ、1999〜2009年)は、日本の恋愛リアリティー番組の先駆けだった。集団でのバスの旅。世界各国を訪れる彼らは、現地のことを学びながら移動を続ける。彼らの日常の中にもカメラが入っている。メンバー間で、恋愛感情が芽生え、三角関係などが起きる。番組上のルールは限られている。告白するときには、2人分の航空チケットが用意される。それを渡されたメンバーは、翌日までに返答しなければいけない。相手の告白を受け入れるときは、チケットを受け取って2人で帰国する。NOのときは、告白した側がひとりで帰国する。メンバーが減ると新メンバーが投入される。告白されたメンバーが旅を続けるか、恋愛の成就を選ぶか。

同じ頃に、『ロンハー』(1999〜2000年)の中のコーナーに「ザ・スティンガー」があった。こちらもジャンルとしては恋愛リアリティー番組の要素を持っていた。

依頼人は、彼女の浮気を心配する彼氏である。番組側は、ホスト〝スティンガー〟をターゲットの彼女の元へ派遣する。いわゆるナンパをしかけるのだが、その様子をテレビカメラが何箇所かで撮影している。その様子を、ロンブーの2人(72年生まれの亮と73年生まれの淳のコンビ）と彼氏が、別の場所でモニターしている。

本当に素人が出演しているのか。やらせ的な要素があるのかないのか。『あいのり』も「スティンガー」も、そこを曖昧にしてつくられている。極端な状況に置かれた出演者の素人を「のぞき見趣味的なよろこびと、自分ならぜったいにそんなばかなことはしないといううぬぼれ」（『リアリティ番組の社会学』ダニエル・J・リンデマン）を感じながら見る。あくまで自分は、手を汚すことのない距離で。それがリアリティー番組の醍醐味だ。誰かの日常をのぞき込んでいるかもしれない、または誰かにのぞき込まれているかもしれない日常、それがまずバラエティ番組によって形作られたのだ。

ワイドショー国会と〝B層〟に支持された小泉政権

小泉純一郎の首相就任は、2001年4月のことである。首相が番記者の囲みで返答するのは通常のこと。だが、その場にあらかじめテレビのマイクをセットすることを了解したのは小泉内閣が最初。それは「小泉首相以前には考えられないこと」（『テレビの21世紀』岡村黎明）だったのだという。小泉は、テレビを通して直接語りかけることで、より近い距離で国民とコミュニケーションをとっていた。

テレビを通じた劇場型政治の〝最大のスター〟は、田中真紀子外相だった。彼女は、外務省を「伏魔殿」と呼び、外務省の改革を行い、官僚との対立構図をテレビを通して見せていった。本来なら、裏で行われるであろう根回しが省略され、衆人環視の状態に晒した。どこまでが演技でどこからが現実なのか、今にしてみればわからないところもある。

いわゆる〝ムネオハウス〟の建設をめぐる疑惑も鈴木宗男のキャラクター抜きであれば、あそこまで大きな騒ぎにはならなかっただろう。辻元清美が鈴木を「疑惑の総合商社」と批判したことも、見事な「ワイドショー国会」への対応だった。

２００２年1月30日に田中真紀子大臣は更迭、鈴木宗男（48年生まれ）は公共工事汚職事件で東京地検特捜部に逮捕（6月19日）、辻元清美は秘書給与流用で逮捕（２００３年7月）。展開も早かった。２００２年9月17日、小泉首相は、北朝鮮を訪れ日朝首脳会談を実現させた。北朝鮮政府がはじめて拉致を認め、２００２年10月に曽我ひとみさんら5人が帰国した。

小泉時代を過大も過小評価もしないで見てみると

ポピュリズム政治、ワンフレーズ・ポリティクスなど、メディア戦略的な側面だけが小泉政治だったのか。「単に小泉自身のキャラクターの人気に基づくものではなく、同政権へ

小泉純一郎首相　記者会見　2001年４月27日
2001年4月24日に自由民主党総裁に選出、26日に首相に指名、2006年9月26日退任　写真：AP/アフロ

の政策方針への支持という側面が強い」というのは政治学者の菅原琢（『政治　再生産される混迷と影響力を増す有権者』、『平成史』小熊英二編著）である。道路公団や郵政三事業の解体など、既得権益の組織解体を含めた「構造改革」路線が支持を受けたが、これらは基本的には政策への支持でもあった。

国債発行額を抑え、公共事業費の削減を目標とする「小さな政府」路線。それを国民が後押しした。のちの視点からは、この時代に始まった緊縮財政、いわゆる、小泉・竹中（平蔵）コンビが推し進めた〝新自由主義〟をひとくくりにして、日本低迷の諸悪の根源とする批判は、よく目にするが本当にそうだったのか。

歴史研究者で『平成史』を書いた與那覇潤は、「構造改革」の効果にせよ「新自由主義」の悪弊にせよ、どちらも小泉政権が成し遂げたものとすること自体が「過剰評価」であると指摘する。小泉改革は、それ以前の橋本内閣の二番煎じ。「小さな政府」路線も、打ち出したはいいが、実現させるほどの実行力はなかった、と。

小泉が行った効果的な政策は、「量的緩和と非不胎化」「円安誘導介入」の2つだったというのはエコノミストの田中秀臣（『デフレ不況』）の評価である。これも「小さな政府」が実現したという評価とはほど遠いものである。

小泉政権時代の2002年1月までは景気の後退期、その後は長期拡大期を迎える。ただ、景気は拡大していても、物価は相変わらず下がり、2000年の名目GDPと2006年の名目GDPはどちらも527兆円。小泉時代にやや景気は上向きになったが、それ以降も含め、デフレの状態からは抜け出せていなかった。1999年から2013年まで15年連続で〝GDPデフレータ〟の数値はマイナス。「極めて稀な姿を続けた」(『平成の経済』小峰隆夫)のだという。

小泉時代の一旦の経済回復は、その後の2006年の量的緩和政策の解除によってストップする。「せっかく回復していた景気を腰折れさせてしまうリスクをあえて選択した日本銀行の、通常では考えられないような誤った判断」(『デフレ不況』田中)だった。

カメルーンの大遅刻から始まる2002年ワールドカップ

2002年のサッカーワールドカップは、日韓の共同開催となった。W杯が始まる直前、大分県の人口約1300人の中津江村に日本中が注目した。過疎化と高齢化が進む地域がキャンプ地に立候補。だがそこにやってくるはずのカメルーン代表チームが大遅刻をする。

遅刻の原因は、選手と協会がボーナスをめぐっての対立したことだった。さらに、チャーターした航空機は航続距離の短い旧型機で、途中何度も給油地を経由した。予定よりも

5日遅れてバスが村に到着。朝の3時に村民130人と数多くのメディアが迎えた。キャプテンのリゴベル・ソング（76年生まれ）の「僕たちは今、家族になりました」という挨拶によって、その場は明るい雰囲気で包まれる。

日本は、ベルギー、ロシア、チュニジアと戦い、2勝1分で予選リーグを勝ち抜け。特に、第2戦目となるロシア戦が日曜日ゴールデン帯での放送となり注目を集めた。日本は稲本潤一のゴールでW杯初勝利を得る。視聴率は、66・1パーセント。

このあおりを食ったのはNHKの大河ドラマ『利家とまつ～加賀百万石物語～』だった。この代表戦当日の視聴率は、激減して13・3パーセントになった（全体の平均視聴率は22・1パーセント）。だが、このあと、NHKは見事な戦術を駆使する。ワールドカップ終了直後の7月7日に〝本能寺の変〟の回を放送して挽回。ドラマの主役の〝まつ〟は松嶋菜々子で、信長の役を演じたのは反町隆史である。両者は73年生まれで前年に結婚したばかり。

2002年のサッカー日本代表監督はフランス人のフィリップ・トルシエだった。少人数で細かなラインの上げ下げを行う緻密なフラットスリーのフォーメーションが看板だった。今の視点で見ても、のちに真似るチームも出てこない高度な戦術。うまくこなした日本だったが、ベスト16で当たったトルコにPKで敗れている。

トルシエ監督はとにかく短気で、選手を平気で怒鳴りつけることで知られた。その通訳を務めたのは、74年生まれのフローラン・ダバディである。ダバディは、パリ出身。大学で日本語を学び、日本での就職を希望して、映画雑誌『プレミア日本版』の編集者として働いていた。だが、自ら日本サッカー協会に履歴書を出して通訳に就任する。サッカーの仕事をするのも初めて。口の悪いトルシエの通訳として、きつい言葉は無理に訳さないように気をつかっていたようだ。

アップルストアは何が新しかったのか

2003年11月30日に、アップルストア銀座がオープンした。アメリカの1号店開業は、01年5月19日。海外のアップルストア第1号がこの銀座店だった。本国の2年半後にアップルストアが日本にできたのだ。

なぜスティーブ・ジョブズは、アップルストアをつくったのか。当時、パソコンメーカーが店舗を持つことはリスクだと思われていた。安売りパソコンのゲートウェイは、郊外型店舗を展開して失敗した。DELLは逆に無店舗の直販ビジネスを成功させている。つまりストアを自社で展開するのは時代遅れと思われていた。

だが、製品デザインからパッケージに至るまで、ユーザーに経験としてアップルの製品を届けることをモットーとしたジョブズは、アップルの製品がユーザーの手に渡るところまで完全にコントロールしたかった。

店舗担当としてアップルに入社してきたロン・ジョンソンは、ジョブズとともに時間と手間をかけてアップルストアの計画を練った。ショッピングモールを視察し、エディバウアーの店舗を見て、入り口、出口の数について考えたりした。ニューヨークの72丁目とマディソン街の角にあるラルフ・ローレンの邸宅のような店舗も参考にしたもののひとつ。「あれはラルフの考え方を物理的に表現したもの」(『スティーブ・ジョブズ Ⅱ』ウォルター・アイザックソン)。ジョンソンもジョブズも、自分たちの考え方を物理的に表現したショップをつくろうと考える。

オフィスの近くに空き倉庫を借りて、店舗のプロトタイプを何度も試してみた。6か月間、火曜日の午前中はそこにこもってブレインストーミングを続けたという。

壁は白。固定のレジやレシートは廃止。店員たちは販売のための要員ではなく、アップル製品に詳しい相談相手というカジュアルな存在と規定された。商品が展示されるのは、棚ではなく、会議用のものと変わらないテーブルの上となった。気軽に触ってもらうことができる展示。

床に使われる石は、イタリア・トスカーナのイル・カゾーネから切り出された青みがかったグレーの砂岩。この砂岩は、自らが経営者として連れてきたジョン・スカリーにアップルの経営権を奪われたジョブズが、失意のイタリア旅行に出かけたときに出会ったものだった。

2年半後に銀座にできたショップも、アメリカの店舗と同じ内装。家賃が高くても、人通りの多い場所に店舗を作るべきという方針のもとで銀座が選ばれた。

アップルストアは、アップルファンには評判はいいが、これを嫌うものもいる。元アップルのジョゼフ・グラツィアーノは、そのひとりで、アップルストアを「クラッカーにチーズで満足している世界にキャビアを売って成長しようとしている」と批判した。大げさであるという批判である。

好き嫌いはともかく、アップルストアの店内に立たされれば、意匠が凝らされた空間であることは理解するだろう。中でも最大の特徴は、店員たち。彼らは、「アップル製品に詳しい相談相手」「カジュアルな存在」である。基本的には青いTシャツで下は自由。なぜか、それだけでアップルストアらしさが体現されている。

すべてのビジネスがネットに移行すると考えた企業がドットコムバブルとともに消えていった。アップルストアのアイデアは、その真逆で現実空間の方を再価値化したのだ。

「あの格好はなんだ！」とナベツネが吠えたライブドアの近鉄買収事件

２００４年6月30日、ライブドアの堀江貴文が近鉄バファローズを買収、およびプロ野球参入を東京証券取引所での記者会見で発表。翌日の『日刊スポーツ』は「31歳ＩＴ社長夕べ近鉄を買収‼」と、一面でこれを扱っている。堀江は、72年生まれである。球団オーナーとしては格別若く、そして名前より「ＩＴ社長」の方が通用していた。

当時すでにバファローズは、親会社が撤退、オリックスへの吸収合併で話が進んでいた。このままではパ・リーグの球団は、５球団に減少。それもやむなしという風潮だった。プロ野球の低迷期。ナイター中継の視聴率は、２０００年代に入り15パーセント台に下がっていた。球団がスタジアムへ足を運ぶ人たちを重視し始めるのもこの後のこと。

近鉄は、ライブドアとの交渉を避けた。また、逆に巨人のオーナーの渡邉恒雄は「人と会うのにあの格好はなんだ！」と怒りを露わにし、「金さえあればいいってもんじゃない」と完全拒絶の姿勢を示した。堀江が着ていたのはＴシャツだった。当時、彼がスタジアム観戦に出向くと、会場からは歓声があがり、堀江コールが起きていた。堀江は、既得権を破壊する救世主、若手世代の台頭として迎えられたのだ。

だが近鉄は、当初の予定どおりオリックスに吸収合併を決定。その後、ライブドアは、新球団設立をめざしたが、楽天が仙台を拠点にした新球団の構想を発表。新球団の1チーム枠を巡り、ライブドアと楽天が争うが、この年の11月2日、プロ野球オーナー会議が開催され、楽天のプロ野球参入が決定する。

ちなみに、ライブドアの会社名は元々、無料インターネットプロバイダーのものだった。1999年の頃には、神田うのやヒロミ、泉谷しげるらのCMが大量に流れていた。その後、2002年に経営破綻したブランドをオン・ザ・エッジ（ザ・エッジ）が買収したものだった。

小が大を飲み込む買収劇、ライブドアvsフジテレビ

野球に次ぐライブドアの堀江貴文のターゲットは、フジテレビだった。

正確には、フジテレビの株式を保有するニッポン放送の買収をまずは試みた。会社の規模で大きいフジテレビの株式を親会社のニッポン放送が持っている〝ねじれ〟の状況を狙い、意表を突いた買収劇だった。当時の日本では敵対的買収は珍しい時代。

ライブドアは、2005年2月に短時間でニッポン放送株を29・6パーセント取得し、それ以前に取得していた株式と合わせて35パーセントに到達。この買収劇をそそのかした

のは、ニッポン放送の筆頭株主でもあった村上世彰が率いる〝村上ファンド〟である。当時のフジテレビはニッポン放送株の取得を目指していた。それへの対抗の策として、村上は、ライブドアの堀江を巻き込んでいる。

堀江には、プロ野球同様、テレビ局も衰退産業に見えていたのだろう。ただし、テレビ局の買収に関しては、本気になった面もある。資金の余裕があるうちに収益性の高いメディアを持っておきたかったのだ。ライブドアとフジテレビによるニッポン放送株をめぐる争いは、2か月にわたって続いた。結局、フジテレビがライブドアから1440億円で株式を引き取り騒動は収束する。

フジテレビ買収騒動より5年前、2000年1月にアメリカのAOLによるタイム・ワーナーの吸収合併が注目を集めていた。AOLは多くの有料会員を抱えるパソコン通信サービスから、インターネットの接続サービスプロバイダーとなり、急成長を遂げた新興勢力。一方、タイム・ワーナーは、雑誌からテレビや映画まで統括する巨大メディア企業。小が大を飲み込む買収が話題になった。だがこの合併は失敗に終わった。翌年には、1000億ドルの大規模赤字が計上される。のちに「今世紀最悪の合併」とも呼ばれるようになった。社員同士があらゆる場面で衝突したという。社風も仕事の進め方もすべて相容れなかったのだ。ライブドアがフジテレビの買収に成功したとしても同じことが起きたかもしれない。

フジテレビ、ライブドア、ニッポン放送　共同記者会見　2005年4月18日
堀江貴文　左から2人目　写真：アフロ

33歳の堀江が地検を相手にしたライブドアショック

プロ野球球団の買収、ラジオ・テレビ局の買収、0勝2敗とはいえ、知名度の向上、株取引での収益、どちらにおいても堀江貴文の目論見は、ほぼ達成できていたはずである。次の動きは、選挙への参戦だった。2005年の衆院議員選挙のときのこと。

「改革」の文字を入れたTシャツを着た堀江が、街頭で演説するなどの選挙運動を行う。球団買収のときの渡邉恒雄の「人と会うのにあの格好はなんだ!」という発言を逆手にとったもの。気がつけば、Tシャツが堀江のトレードマークになっていた。

世代間闘争、既得権益との衝突、メディア報道がおもしろがって取り上げた対立構図を、堀江は巧みに利用した。選挙では、「改革」の声を掲げ街頭で演説を行い、集まった人々と握手をして歩いていた。だが、選挙では落選。自民党から飛び出し、憎まれ役だった亀井静香の強烈なキャラクターの方に軍配が上がった。ここからが転落の時期だ。

翌年の1月16日に、ライブドアが東京地検特捜部の強制捜査を受けた。23日には証券取引法違反で堀江貴文以外にも、ライブドアの幹部らへの一斉捜査が行われた。「ライブドア・ショック」。関連株を含めた株価の暴落にとどまらず、18日には全銘柄取引停止という事態に発展し、東証上場企業の90パーセントが下落した。

堀江及び、役員3名と会計監査担当の会計士2名が証券取引法違反で逮捕。ライブドアの株価を不法行為によって操作した疑いである。罪状には、「偽計と風説の流布」「有価証券報告書虚偽記載」などの行為が記載されている。堀江は懲役2年6か月の判決が下り、長野刑務所に服役した。

ライブドア事件は、リクルート事件と比べられることがある。どちらも新興分野の虚業だと思われたベンチャー企業で、業界、社会に拒絶を食らった構図の事件である。ただ、リクルート事件の時の江副浩正の年齢は、52歳だった。堀江の逮捕は33歳。彼を支持するかどうかはともかく、日本社会が抱える世代交代の難しさを目の当たりにすることになった。

秋田で起きた小学生連続殺人事件

2006年4～5月にかけて、秋田の人口4300人の過疎の町で小学生の死亡事故が相次ぐ。4月10日に小学4年生の女児が水死体で発見されたが、当時は事件性はないと見なされていた。約1か月後に、前日から行方不明になっていた男児の遺体が川岸に近い道の脇で発見される。

同じ町で同時期に相次いだ大事件。たった戸数28戸の新興団地に、テレビの中継車や新聞、週刊誌が集まり始めた。なかでもメディアが注目していたのは、最初の被害者だった女児の母親だった。警察の逮捕以前からメディアは、周囲の住民の悪い評判などを聞きつけており、さらにこの事件の犯人である可能性まで嗅ぎつけていたようだ。

その母親、畠山鈴香は1973年生まれで当時33歳。彼女の逮捕は、当初事故と目された女児の発見から約2か月後の6月4日。報道機関のカメラを彼女が睨みつけている写真が、逮捕後に使われることになったが、その後のメディアが熱心に報じたのは、影の薄かった少女時代の様子だった。

小学1年生のときに、「水子の霊が憑いている」と担任教師が言ったことをきっかけにクラスでのいじめが始まった。教師はお祓いにはまっていたという。畠山へのいじめは中学、高校に入って以降も持ち越された。過疎の地域ゆえ、人間関係は、小中高と引き継がれる不幸である。ただジャーナリストの鎌田慧は『橋の上の「殺意」〈畠山鈴香はどう裁かれたか〉』という事件を追ったルポルタージュの中で、畠山が暗いタイプではなかったとも言う。友人の中には、彼女は「目立ちたがり屋」で「人の輪のなかにはいってくる」タイプという側面を知るものもいる。ただ「軽くみられて使いっ走り」にさせられてしまうタイプだった。

畠山は子どもの頃から父親から虐待を受けていた。中学時代から拳で殴られ、髪を摑んでひきずりまわされたという。これらは、裁判での証言。高校卒業後の就職は、父親から逃れるように栃木県の鬼怒川温泉で仲居の仕事をした。のちに父親に仕事場を知られ、実家に連れ戻されている。

のちに再び父から逃げるように駆け落ちして結婚し、娘が生まれ程なく離婚。その後は、シングルマザーとして働きながら子育て生活を送るが、経済的な困難を強いられている。

仕事先は何度も変わっていた。スーパーのレジ、ケーキ屋、保険の外交員、釣具屋で働いたこともある。3年3か月と比較的長く続いたのは、パチンコ店の店員の仕事。仕事ぶりはまじめだったという。

その仕事を辞めざるを得なくなったのは、子どもを預けることができなくなったからだ。それまで仕事の際には、実家の母親に子どもを預けていた。だが父親が体を悪くし、働けなくなった。母親がパートの仕事を始めると、預け先がなくなった。父親に翻弄される人生という側面は際立つ。

パチンコ店を辞めて以降は、離婚時に抱えた借金がふくらみ自己破産に至り、生活保護を受けるようになる。事件の背景に、DV、シングルマザーの貧困、ワーキングプア問題、地方の過疎、保育園の数などの社会問題も透けて見える。

ワーキングプアとシングルマザーの貧困率の高さ

秋田小学生連続殺人事件の裁判で争点になったのは、被告の殺意の有無だった。片方の事件が過失致死と判断される可能性もあった。

ジャーナリストの鎌田慧は、母親が娘を橋から突き落とした件が、無理心中未遂だった可能性に触れている。だが裁判では、殺意が認められ殺人となった。一方、2件目は計画性が高い殺意からのものではなく「嫉妬心」からの犯行という判断がなされた。

自分の娘を亡くした（当初は、事故と見なされていた）直後の畠山を不憫に思った隣の父親が、畠山にビデオテープを渡した。テープは、生前の娘が隣人の息子と遊んでいるところを撮影したものだった。それが次の事件の引き金になった可能性がある。畠山は、元気な頃の娘を見て、自分の惨めさを認識した。それが嫉妬心となり、テープに映っているもうひとりを殺した。畠山の事件では、多くの報道メディアが死刑を予想したが、裁判所は、無期懲役の判決を下した。

畠山は、離婚時に抱えた借金を返し切ることができなかった。職に就き収入があるにもかかわらず、貧困から抜け出せない。「ワーキングプア」という言葉が社会的に認識されるのと秋田小学生連続殺人事件は、ほぼ同じタイミングだった。ＮＨＫが『ワーキングプア働いても働いても豊かになれない』（06年7月23日）を放送している。

畠山は、子どもを預けることが困難でフルタイムで働くことができなかった。低賃金の職を選ばざるを得なくなる。借金を返すだけの余裕がなくなる。その堂々巡りだった。

シングルマザーの貧困問題が大きく論じられるのはもっとあとのこと。２０１４年、日本のひとり親世帯の相対的貧困率が50・８パーセントという数字が問題とされる。ＯＥＣＤの平均31パーセントよりも際立って高かったのだ。

社会学者の水無田気流（70年生まれ）が『シングルマザーの貧困』（２０１４年）で指摘しているのは「シングルマザーの貧困問題は、日本の社会問題の集積点である」ということ。畠山が直面した苦境にもそういう側面がある。世代、子育てや就職のジェンダー差、非正規雇用、地域の問題、あらゆる面が経済的な困難と結びついていた。身内のサポートに頼ることもできず、日常生活が維持できなくなった。

ライブドア、秋田小学生連続殺人事件。両事件は、ほぼ同時期に発覚し、同時に世間を賑わしていた。堀江が72年生まれ、畠山73年生まれと同じ世代によって起こされた事件でもある。団塊ジュニア世代にとって、同世代の事件だが、どちらにも〝同世代〟ゆえに共有する意識が薄かったのはなぜか。

堀江の事件は、株式投資分野での違反事件で、犯罪性があったのだろうかという疑問の声は少なくなかった。だが自分の領域と結びつけることも難しい富裕層の世界の話でもある。秋田の連続殺人は、子どもの虐待、ネグレクトの面もあり、批判が過度に集中した。境遇を立ち返る声はなかった。

連合赤軍事件の場合、のちに団塊の世代のジャーナリスト、評論家たちによって、いく度となく同世代としての反省を前提とした問題提起が繰り返されている。宮崎勤事件、オウム真理教の事件も、同世代として新人類世代のジャーナリスト、評論家たちが繰り返し取り上げていた。これらにひきかえ団塊ジュニア世代は、反省やあえて同じ世代として語る事件が少なかったように思う。

さとう珠緒の「女が嫌いな女ランキング」連覇

さとう珠緒が「女が嫌いな女ランキング」（『週刊文春』）で2004、2005年で2年連続1位を獲得した。彼女は、『出動！ミニスカポリス』（96年）の初代ポリスとして活躍し、その後は『王様のブランチ』（98〜03年）で司会を務めた1973年生まれのタレントである。

2004年と2005年のランキングは、性質がまったく異なっている。

2004年の2位は、井上和香、3位は菊川怜。4位広末涼子、5位米倉涼子。2005

年には、2位が細木数子、3位が泉ピン子と和田アキ子、5位が松田聖子だった。前者のランキングは、〝あざとさ〟を感じる女性が上位を占めている。2005年のランキングは、ものおじしないタイプが上位を占めている。性質のランキング、顔ぶれにもかかわらず、さとう珠緒は「女が嫌いな女ランキング」の1位の座を占めている。週刊文春自らの分析によると、〝嫌われる〟理由は「ぶりっ子」だという。

「すねると必ずほっぺを膨らませて上目遣いな表情をするけれど、実生活でいまどきほっぺを膨らませている人なんていない」(年齢29・主婦)

「拗ねたあと、グーにした両手を肩まで上げて『プンプン!』と身をくねらせたのを見て、ブチ切れましたね」(ライター・柴口育子)

ぶりっ子風の仕草、拗ねてみる仕草、これらが嫌われていた時代。その後、それらの〝あざとさ〟が、むしろ武器として再認識される時代が訪れて、評価は180度変わる。実際にさとう珠緒も、2020年代にタレントとして再浮上する。元祖あざとい女性としての再評価ブームでもあった。

ちなみに、さとう珠緒は、2006年には細木数子に抜かれて「女が嫌いな女ランキング」2位に転落。2007年には9位に転落。このときの1位は沢尻エリカだった。

土ワイ、火サス、2時間サスペンスはいかに時代を終えたか

2005年に、24年続いた『火曜サスペンス劇場』（日本テレビ系列）が終了した。

この頃に2時間ドラマ、旅情サスペンスと呼ばれる70〜90年代に全盛期を迎えたドラマのジャンルの人気が衰え、打ち切られていく流れが始まった。

火サスの始まりは、1981年。2時間ドラマといえば、旅情、お色気、最後は崖という固まったイメージがあるが、これらはすべて土曜ワイド劇場（テレビ朝日系列）の要素で、火サスはまったく別物だ。火サスは、人間を描くサスペンスで、主なターゲットは、当時の団塊の世代を中心とした主婦層だった。「ベッドシーンのどぎつさを抑え、女が男に復讐するストーリーなど主婦が感情移入できる、等身大のドラマを目指した」（『2時間ドラマ40年の軌跡』大野茂、東京ニュース通信社）ものだという。エンディングテーマの岩崎宏美『聖女たちのララバイ』の印象も強かった。2005年の番組の終了は視聴率の低下を受けてのもの。

2時間ドラマは、高齢者層向けという思い込みも、その最盛期の80年代にはなかった。かつては、若者層も含め、幅広い層に支持されていた。ただ、子どもの頃に親の前で見る

ことはばかられたのが、古谷一行と木の実ナナが主演の『混浴露天風呂連続殺人』シリーズである。タイトル通りにお色気路線が売りになっていた。

このシリーズが、２００７年1月20日に最終回を迎える。最終回のタイトルは「～箱根伊豆～さらば温泉刑事 最後の秘湯で誓う愛 セレブの夢が泡と散る 18年前バブルに踊った女たちの傷跡」だった。長いサブタイトルと思うかもしれないが、90年代と比較するとまだ短い方である。

シリーズ終了の理由は、プロデューサーの森山浩一によると「もう、日本には秘湯はなくなったのです」（前掲書）というものだったという。

２００８年には、土ワイの看板シリーズ『家政婦は見た！』も終了した。市原悦子主演で派遣先の他人の家の秘密を覗き見る欲望を、家政婦のヒロインが叶えてくれる。平均視聴率21・4パーセントは、「土ワイ史上最高記録」（前掲書）を誇るものだった。シリーズ総本数26本。83年のスタート時には、40代半ばだった市原は、終了時には70代だった。

『土曜ワイド劇場』の最終回は、２０１７年4月8日。この日に放送されたのは、西村京太郎トラベルシリーズの67作目だった。２時間ドラマ界ではおなじみの十津川警部もの。主演は高橋英樹。

iPhone登場時のジョブズのプレゼンの出来は?

初代iPhoneが発表されたのは、2007年1月9日のこと。プレゼンテーションのうまさで知られるスティーブ・ジョブズだが、ここでの発表は、どういうものだったか。

ジョブズの発表は、アップルがこれまで2度「すべてを変えてしまった新製品」を生んだという話から始まっている。1つ目は1984年に登場したマッキントッシュだ。2つ目は、2001年発表のiPod。どちらも画期的商品。この日は、それに匹敵する革新的商品があると切り出している。iPhoneの革新性にアップル、ジョブズは、大きな自信を持っていたのだ。

「アップルが電話を再発明する」というのはこのときにジョブズが使った言葉だ。冒頭には、いくつかジョークの画像を見せ、もったいぶりながら、アップルの新しい電話機の話になっていく。

スマートフォンはiPhone以前から存在している。ブラックベリーやW-ZERO3らは、キーボードの付いた情報端末として人気があった。iPhoneが画期的なのは、キーボードがないスマートフォンであるところ。

iPhoneのデザインが発表された瞬間の会場では、まだそれがすごいものという共感のリアクションがないように見える。アップルは、かつて小型の情報端末の分野で失敗を犯している。92年に発売されたニュートンは、ペン入力タイプの小型情報端末。このときもキーボードが省略されたが、スタイラスペンを使っての手書き入力のわずらわしさゆえに失敗した。iPhoneが発表された瞬間、会場の人々は、ニュートンが脳裏に浮かんだことだろう。

会場の雰囲気が変わるのは、ジョブズが操作方法を披露してみせた辺りのこと。マルチタッチやスワイプなどの操作を実際に行って見せた。誰も想像しなかった新しい入力方式。ジョブズはiPhone上で地図アプリを使ってみせた。近くのスターバックスを地図で検索し、表示された番号をタッチすると、そのまま電話に切り替わる。スタバの店員に「4000杯のラテを持ち帰りで」とジョブズは話をして電話を切った。いたずら電話のデモンストレーション。もちろん、事前に了承を得てかけていたのだろう。

iPhoneのスタート時には、グーグルマップが搭載されていた。グーグルには、事前にアップルの新製品の情報が、最低限のものとはいえ伝わっていた。両者は後に、iOSとAndroidでスマホのOSのシェア争いをする関係になる。グーグルが携帯電話用ソフトウェアのプラットフォームAndroidの規格を発表したのは、iPhone発表の年の11月5日のこと。日本でのiPhone発売は、2世代目の3Gからで2008年7月11日。

iPhone、Androidを含めたスマートフォンの普及率が、フィーチャーフォン（ガラケー）の普及率を上回るのは、2013年のことである。

篠原涼子と大泉洋がドラマで演じる世代的労働観

2007年のドラマ『ハケンの品格』では、登場人物たちはフリップ式の携帯電話端末を使っている。もちろん、まだスマホの時代ではない。ドラマの放映直前に初代iPhoneが発表。日本で最初にiPhoneが発売されるのは、翌年7月11日から。『ハケンの品格』の主演は篠原涼子（73年生まれ）。篠原は「auデビューしました。」という当時のauのCMにも出演していた。

ドラマの脚本は中園ミホ。女性の職業を取り上げるドラマだが、職業ではなく、人材派遣業という雇用形態、働き方をモチーフにしているところが特徴である。

主人公の大前春子は、人材派遣会社に所属する時給ランクの高いスーパー派遣社員である。あちこちの職場で難題をこなし、問題解決していくプロフェッショナル。プライベートと仕事はきっちりとわける。残業も休日出勤も拒否する。また、派遣先からどれだけ請われても契約延長もしない。まるでゴルゴ13のような仕事人である。契約が終わるたびに長期休暇をとり旅行に出かける。

職場で関わる人々との間で発生する人間関係も、必要最小限にとどめる。深入りはしない。春子のキャラクターは、かつてのステレオタイプの〝キャリアウーマン〟像とは別物である。キャリアウーマンは、所属する企業に隷属し時間の多くを割く。だが春子は、組織に埋没せず個人主義を貫く。90年代から始まる派遣労働の自由化、雇用流動化の理想像でもあるのだろう。現実の職業の現場には、こうしたスーパーウーマン、スーパーマンは存在せず、夢物語ではある。

2007年は、派遣切りや偽装請負など雇用の流動化がもたらしたネガティブな話題が取り上げられていた時期でもある。ドラマにも、派遣社員と正社員を巡る社内の分断のエピソードが取り上げられている。

ドラマには、篠原と同じ73年生まれの大泉洋が出演している。大泉演じる東海林武は、大手食品商社の正社員である。30代半ばで管理職と現場の間くらいのポジション。正社員と非正規雇用の間でのもめごとが頻発している。そのたびに正社員側に立つのが東海林である。

多くの同僚社員がリストラされ、労働力が派遣社員に切り替えられていくのを目の当たりにしてきた東海林は、その様子を悲観して見てきた。ゆえに東海林は正社員のほうが有能で、派遣は劣る存在と考えるに至った。だから、派遣社員である春子には対抗意識を持っている。そして、勝負に挑んで常に返り討ちにあう。ドラマが進むにつれ、次第に偏見を解いていく。

篠原涼子は数々の職業もののドラマの主演をこなしてきた。『ａｎｅｇｏ』（２００５年）では、商事会社のＯＬ。『アンフェア』（２００６年〜）では刑事。『花嫁は厄年ッ！』（２００６年）ではテレビ局のアナウンサー、『ラスト♡シンデレラ』（13年）は、ヘアサロンの副店長。多くの役は、仕事ができて、主に女性から尊敬される。さらに独身という役柄が多い。団塊ジュニア世代の女優の中で、ある種のロールモデル的存在と言えるだろう。

大泉洋は、北海道で放送されていたローカル番組の『水曜どうでしょう』で人気を得て、30代になって全国区の仕事に進出した。演劇集団のＴＥＡＭ ＮＡＣＳのメンバーの中では、安田顕、戸次重幸らが大泉と同じ73年生まれである。安田顕は数多くのドラマに出ているがブレイク作を挙げるなら『下町ロケット』（15年）の技術開発部長役。40歳を超えてのブレイク。

人口は多いが、政治家が手薄な両世代

民主党政権が誕生したのは、２００９年のこと。

２００９年８月の衆院選で圧勝した民主党は、政権交代を果たし、鳩山由紀夫が首班指名を受け鳩山内閣が誕生した。47年生まれ、団塊の世代の首相だった。

鳩山の初当選は、１９８６年のこと。当初は自民党に所属していたが、その後に新党さ

きがけを立ち上げ、それを経て民主党の結成に参加した。

当初から鳩山政権が掲げていたスローガンは「政治主導」だった。自民党政権が「官僚支配」の下で運営されていることを批判し、政治家が主導権を持つことを目指したのだ。だが、官僚たちの存在を軽視したスローガンが、そのまま官僚たちにそっぽを向かれた。それを原因とした政治の空転が始まった。同時に、自身の政治献金問題が浮上、さらに普天間基地移設問題で「少なくとも県外」という発言が混乱を招く。本来、日米問題だった基地問題を国内問題に格下げしたことが問題だった。こうした中で支持率が低迷し、2010年6月に退陣した。

次の民主党代表は菅直人だった。菅直人は、終戦後の46年生まれ。団塊同様、学生運動を経験した世代。草の根の市民運動から政治家を志している。90年代半ばの薬害エイズ問題の頃には、厚生大臣として（当時、自社さ連立内閣時代。菅直人も新党さきがけに所属）厚生省内の内部調査を陣頭指揮し、知名度と実行力を備えた存在として期待されたが、首相として、さして能力は発揮できなかった。

消費税増税法案の通過、尖閣諸島沖での中国漁船衝突事件への対応の失敗で支持率は低下していた。東日本大震災のときには、菅直人が首相だった。震災翌日にヘリで福島第一原発へ視察をしたことがのちに議論の対象になった。菅総理の視察が現場を混乱させたという批判もあるが、東北電力と首相官邸の間の「伝言ゲーム」のような錯綜状況は、現場視察によって回避された側面があった。

震災当時に、その対応で連日、テレビの生放送で状況を伝え続けていた官房長官の枝野幸男には、ツイッターのハッシュタグ「#edano_nero（枝野寝ろ）」で応援の声が広まった。

戦後生まれの首相就任は、最初が安倍晋三。安倍は、54年生まれで団塊世代を飛び越え、2006年に戦後最年少として首相に就任している。その後の鳩山由紀夫（47年）、菅直人（46年）、菅義偉（48年）らが同じ世代として首相を経験した。政治の世界で、団塊の世代は存在感の薄い、インパクトのない世代とされているが、団塊ジュニア世代の政治家は、さらに手薄である。73年生まれの大臣経験者には、少子化対策担当大臣の小渕優子がいる。

第5章

人口減少時代と団塊ジュニアの死生観

2010年代

東日本大震災が発生　2011年3月11日
福島第一原子力発電所　津波による全電源喪失を起因に大破に至る　2011年3月20日撮影
提供：エアフォートサービス/ロイター/アフロ

団塊ジュニアの次の塊が登場しなかった理由

『日経新聞』が2010年6月2日の記事で「出生率改善止まる　団塊ジュニア、不況で出産二の足」という記事を掲載している。その直前の4年間は、出生率のちょっとした回復が見られていた。しかし、2010年に合計特殊出生率の低下の報道が出てきたことになる。

この記事では出生率の増加の理由についても触れられている。「晩婚化が進み、30歳以上の出生率は09年も上昇したが、上げ幅は鈍化した」という。つまり、ここでいう30歳以上は、主には団塊ジュニア世代のことだ。

73年生まれ世代でいえば、2003年は30歳を迎えるタイミングで、まだまだ結婚も出産もこれからという時代。そして、2010年に37歳を迎えている。この辺りの年齢から出産する人の数も減っていく。親世代と違って、団塊ジュニアは、同時期に一斉に結婚はしなかったし、子どもを産む時期にしてもばらけていく。団塊ジュニア世代の次の世代は、塊としては認識されなかった。団塊ジュニア〝ジュニア〟世代はいなかったということ。

小説家の柴崎友香の『わたしがいなかった街で』（2012年）の主人公は、離婚歴のある36歳のひとり暮らし女性である。新しい部屋に引っ越したばかり。この小説には、住む街の移動、そして戦争における空爆の話が繰り返し描かれる。

主人公は、27歳の時に大阪から東京に越して来た。以来、世田谷区若林に3年、墨田区太平のマンションの7階に5年住み、再び世田谷区の若林に戻ってきた。世田谷区若林は、素朴な単線の世田谷線の駅があり、小さな商店街がある街だ。駅は、世田谷線よりも少し歩けば、田園都市線の三軒茶屋、小田急線の世田谷代田も使うことができる。

作中で主人公は、iPhoneの電子書籍アプリで海野十三の日記を読み進めている。海野は、自分が住んでいた地域が空襲で延焼した話を書いている。海野十三は戦前に活躍した作家で、戦時中は世田谷若林に住んでいた。日記に延焼した竹藪についての記述があると、主人公もさっき見たものと同じ場所なのだろうかと65年前と現在を重ね合わせたりしている。ちなみに、彼女が東京で2番目に住んだ墨田区太平は、戦時中は東京市本所区。空襲での被害がもっとも大きかった地域である。街の過去と、彼女の引っ越しの間には、強い結びつきや意図があるわけではないが、彼女は、都市が攻撃された歴史に関心を抱き、そのことをずっと考えている。

繰り返される生命とそれを止めてしまう世代

小説『わたしがいなかった街で』は、メディアの変化の話でもある。

主人公は、引っ越しに際して、光ファイバーを引き、NHKのオンデマンドサービスに加入している。ユーゴスラヴィアの内戦についてのドキュメンタリー映像を見ながら、1991年と92年が受験生で、「家で導入されたばかりの衛星放送で英語の勉強と理屈をつけて外国のニュースチャンネルをよく見ていた」ことを思い出してもいる。ちなみに、海野十三の日記を読んでいるのは、スマホの電子書籍アプリを通してである。入れ物であるメディアは常に時代とともに変化する。その中のコンテンツとして、過去の戦争の話が繰り返されている。

彼女は、契約社員として働いている。しかし、正社員登用試験を受ける機会を逃してしまっていた。彼女の代わりにその機会を得たのは、若いスタッフだった。主人公は団塊ジュニアの世代的な不遇に思いを巡らす。ただ、不満は覚えつつも、面と向かって文句を言うタイプではない。

主人公は「これから子供を産む可能性は低いだろう」と感じている。雇用環境、経済的な理由、いくつかの複合的な理由でそう考えざるを得ない。彼女に浮かんだのは、昔の理科の授業の記憶。原始的なバクテリアから生命が生まれ、何十億年に渡って生命が続いてきた。自分が生命のサイクルを断絶すること、その意味を考えている。

１９７３年生まれの柴崎友香は『その街の今は』（２００６年）、『主題歌』（07年）、『ハルツームにわたしはいない』（10年）の３作が芥川賞の候補となり、繰り返し落選。その後、４度目の候補作『春の庭』で芥川賞を受賞するのは２０１４年のこと。『わたしがいなかった街で』の主人公は作者と同じ年齢である。

アナログ停波と8年の猶予期間

２０１０年の10月から家電量販店で売られている商品のアナログチューナーを搭載したテレビに「２０１１年放送終了」というシールが貼られるようになった。総務省の調査によると地上波デジタル受信機の浸透度は、90パーセントにとどまることが判明（ＮＨＫ放送文化研究所「放送研究と調査」２０１１年９月）。思いのほか地デジ移行への反応は鈍かった。多くの人は、買い換えのタイミングでデジタルチューナー搭載のテレビを買ったが、この間に買い換えなかった人も多い。結果、デジタルチューナーに対応できなかった世帯の数は、11年６月末の時点で約29万世帯となった。約８００万世帯とされるテレビの視聴世帯の、

3・75パーセントほど。その件についての問い合わせ件数も約21万件にのぼったが、総務省は大きな混乱とも捉えることはなかったようだ。地デジへの移行は、〝無事〟に執りおこなわれた。

猶予期間は、およそ8年。都市部では、2003年頃からデジタル放送が開始している。移行期間は長くとられた。公共性の高いテレビゆえに、慎重なデジタル化の計画だったが、世間の関心は、それほど高くはなかったようだ。

そもそも、なぜデジタルへの切り替えが必要だったのか。携帯電話が普及して以降、電波の周波数帯域が拡大していた。デジタル方式に切り替えれば、データによる周波数帯域の有効利用が可能になる。

予定通りに2011年7月24日正午に地上波のアナログテレビ放送は終了する。アナログテレビ放送58年の歴史の終わりである。その年の東日本大震災により岩手、宮城、福島の3県では、停波の時期が延期となり、延長されたアナログ波がすべて停波したのは、2012年3月末だった。

地上波電波帯の再利用の失敗史

停波後の地上波帯域がどう利用されたかの歴史は、この先忘れられるだろうから記しておく。

電波の一部は、NOTTVというサービスになった。携帯電話向けのマルチメディア放送という触れ込みだったが、このNOTTVのサービスは、5年しか継続されなかった。2016年に放送終了。ドコモのスマートフォンなど限定された対応機種でしか見ることができなかった。サービス終了を宣言したNOTTVは、「当初想定していた会員数の獲得に至らず、今後の事業継続が困難」と理由を説明している。

もうひとつのアナログ地上波の跡地のサービスが、デジタルラジオのi-dioだった。こちらは、2016年7月に全面サービスを開始。こちらのサービスが失敗に終わったのは、技術的、財務的の両面の理由からだった。

デジタルラジオの専用チューナーが貸し出されたが、マンションの室内、走行中の自動車でもほとんど聞くことができなかった。送信設備が予定通りには設置されなかった。もうひとつ、このサービスを中心となり進めてきたTOKYO FMが、i-dioの運営会社の債務問題を抱え、2020年3月末に事業から撤退。これがサービス終了の理由となった。

4年足らずでのサービス終了。

NOTTVもデジタルラジオi-dioも、事業者が参入したときには、事業者は自分たちがすでに優位な地位に置かれ、競合先もない独占事業を行う腹づもりでいたはずだ。典型的な「イノベーションのジレンマ」の事例である。先行者利益の目論み、先行投資の優位、過去の成功体験、これらが作用し、消費者を無視したサービスになるのは、歴史的にも繰り返されてきたこと。

次世代への世代交代の失敗は、メディアやITサービスに限った話ではない。日本社会全体のあらゆる局面において、新陳代謝が苦手になっていたのだろう。

東北楽天の優勝と東日本大震災

2013年に東北楽天ゴールデンイーグルスが優勝した。パ・リーグ優勝は、球団設立から9年目。エースは田中将大でこの年24勝0敗1Sの圧倒的な成績でMVPを受賞。8月16日に21試合連続勝利のプロ野球新記録を更新（のちに28連勝を記録）した。東日本の震災の翌々年のこと。

震災当時の楽天の2軍育成コーチに73世代の小坂誠がいた。宮城県山元町出身の小坂は、

第71回秋季東北地区高校野球岩手県大会準決勝　2018年9月23日
佐々木朗希（大船渡高校）　力投するも盛岡大学付属高校に7-5で敗れる
写真：スポニチ/アフロ

地震発生時、チームの練習に参加していたが、地元の山元町が津波の被害を受けたことを知り、ボランティア活動に参加した。「周辺の流木を片付けるなど、町民と一緒に活動」に参加しながら、自らは避難所での暮らしをおくっていたのだ（『河北新報』11年3月24日）。

現役時代の小坂は、「小坂ゾーン」とも呼ばれる伝説の守備カバー領域を誇る、名ショート、または名二塁手だった。ゴールデングラブ賞を4度受賞し、守備だけではなく、足の速さを活かした2番打者としての活躍も記憶に残る。シーズン打率3割台をマークしたことはなかったが、盗塁王経験が2度ある。1997年の56盗塁は、新人最高記録。リーグ最多3塁打も通算4度記録している。

ロッテでのプレイの印象が強いが、のちに巨人、楽天を経て2010年のシーズン後に戦力外通告を受けて引退。引退は、37歳のときのこと。その後、楽天でコーチをしていて被災に至っている。

震災とプロ野球の関わりで言えば、当時まだ小学3年生だった岩手県の陸前高田市出身の佐々木朗希（千葉ロッテマリーンズ）は、津波で父親と祖父母を亡くしている。父の功太は享年37、1973年生まれと思われる。陸前高田市は、震災で2万4000の人口のうち、行方不明者込みで1758人が犠牲になった。市内の世帯の半数の約4000世帯が被災。津波の被害がとりわけ激しかった場所として知られている。佐々木は、プロ入り2年目で初勝利後のインタビューでウイニングボールを誰に渡すかと聞かれ「両親に」と答えている。

73世代が現役を退く流れと入れ替わりに、そのジュニア世代がプロ野球での活躍を始めている。

ジョニー黒木、石井一久、小笠原道大らの引退

プロ野球では、1973年生まれたちが数多く活躍したが、その多くが引退の時期を迎えたのは、2010年代である。プロ野球選手全体を見れば、引退の平均年齢は20代末。30代までプレーする選手たちは、その時点で選ばれし者である。40代までプレーできるのは、超一流選手の証だ。

〝ジョニー黒木〟こと黒木知宏は、千葉ロッテマリーンズで活躍した。チームは常に最下位を争っていたが、黒木はエースとしての活躍を見せていた。98年にロッテは、チームワーストの18連敗を喫する。17連敗目を喫したときの黒木は、あと1人で勝利という場面で本塁打を打たれた。黒木は、マウンドに膝をついた。その後、2007年に戦力外通告を受け、本人は他球団からのオファーを待ったが、そのまま引退。2008年3月に引退セ

レモニーが開催され、2万5000枚のチケットが完売した。通算199試合に登板して76勝だった。引退は34歳。

石井一久は高校卒業後にヤクルト・スワローズに入団した。高校時代から高校野球のスターだった。入団時代のヤクルト監督は野村克也である。野村の息子の克則も73年生まれ。野村克則と石井一久は、ヤクルトに在籍（96〜99年）した時期が重なっている。石井はのちにメジャーのロサンゼルス・ドジャース、ニューヨーク・メッツで活躍。そして、帰国後はヤクルトに復帰し、さらに埼玉西武ライオンズに移籍してから引退した。最後のシーズンは、中継ぎ登板の役割を担っていた。2013年10月8日に引退セレモニーが行われ、セグウェイに乗ってグラウンドを一周した。引退は40歳でのこと。

日本ハムファイターズから07年に巨人に移籍し、4番打者を打っていた小笠原道大は、2000本安打も達成した打者。一時の年俸は、4億円台に達しているが、12年シーズン後に、年俸の減額を告げられた。3億6000万円減。かつて類を見ない数字。その後も現役を続け、中日ドラゴンズで引退のときを迎える。2015年の9月21日。古巣巨人との対戦で、引退の年齢は42歳だった。

73世代で最後まで現役続行した野球選手は誰か？

平成の唯一の三冠王となった松中信彦（73年生まれ）は、1996年のダイエーホークス入団後19年間プレーした。常勝時代のホークスの主軸を打ち、2004年に三冠王を獲得している。多くの優勝に恵まれたが、選手人生の終盤はケガを繰り返し、調子は万全ではなかった。2015年にホークスを退団したが、現役続行の意思を持っていた。だが、オファーはなく正式な引退を2016年に発表した。引退は42歳のときのこと。

〝ハマの番長〟、三浦大輔は横浜一筋の野球人生。98年のベイスターズ優勝時のメンバーでもある。ただし、その他のシーズンのほとんどは、首位争いとは無縁だった。長く先発投手として活躍し、通算172勝を獲得している。2016年9月29日のシリーズ最終登板で現役を引退。43歳での引退。

イチローの引退は、45歳だった。2019年3月21日にメジャーリーグ開幕シリーズが日本で開催され、その第2戦のあとに記者会見が開催され、現役引退が表明された。メジャーに渡ったときに最初に入団したシアトル・マリナーズが最後の所属チームだった。日米通算4367安打。インタビューで「神戸にそのままチームがあれば、考えた」と答えた。オリックス・ブルーウェーブは、2004年に近鉄バファローズを吸収合併し、本拠地を神戸から大阪に移転していた。イチロー特有のわかりにくいジョークだったのか、本心だったのかは謎のままだ。

中村紀洋は、多くの球団を渡り歩いた。近鉄バファローズからロサンゼルス・ドジャーズへ、オリックスに戻ったのち後半期は、中日、楽天、横浜へ。戦力外通告を受けても、他チームに移籍し、何度も復活し、活躍を見せた。13年には、横浜で2000本安打、400本塁打を達成した。2014年に自由契約となり、現役続行をアピールするなかで「生涯現役」としてオファーを待ち続けると宣言した。

『半沢直樹』の大ヒットとそのモデル

「やられたらやり返す、倍返しだ」は、2013年7~9月に放送されたTBSのドラマ『半沢直樹』の主人公の台詞。この年の流行語にもなった。

現代の銀行を舞台にはしているが、我慢に我慢を重ねる展開からの反転攻勢というお決まりの展開は、勧善懲悪の時代劇ドラマによく例えられた。終盤で形勢が変わるときの合図の台詞が「倍返し」である。ワンパターンが繰り返されるが、そのループの度に、勢いが増していく。

役者たちの演技は、悪ノリの領域にはみ出していた。人に罵声を浴びせ、土下座して謝罪をするなど、もし他のドラマで同じ事をやったとしたら、大根役者と呼ばれただろう。だが、感情をストレートにむき出しにする演技は、「倍返し」で大げさに返ってくる構造。ドラマの視聴率も回を追って上がり続け、最終話の平均視聴率は42・2パーセントに届いた。すでに地上波ドラマ全般の視聴率が低下していた時期に現実離れした視聴率を記録した。

堺雅人が演じた半沢は、普段は柔和で人当たりのいいタイプだが、一旦、受けた仕打ちは、用意周到にやり返し、容赦なく相手を叩きのめすダークヒーローだ。

原作は、バブル末期に入行した世代を主人公とした池井戸潤の『オレたちバブル入行組』で、タイトルからもわかるように、バブル時代に就職した世代が主人公。つまり、1973年生まれ世代よりも、10歳近く上の世代の話が描かれているが、ドラマでは1973年生まれの堺雅人が主役を演じていた。

ドラマは、2020年に続編の『半沢直樹Ⅱ』が制作され、こちらも大成功を収めている。続編の原作は、同じシリーズの第3作目『ロスジェネの逆襲』（2013年）である。半沢よりも下の世代、つまり「ロスジェネ」世代が登場する。この『半沢Ⅱ』の前半で描かれるのは、新興のＩＴ企業による敵対的買収を巡る話である。東京中央銀行から証券会社に出向した半沢がそれに関わっていく。

事件のモデルは、ライブドアによるニッポン放送買収を巡る事件である。事件からは、すでに15年近く経っている。ドラマのネタにもされるような時間が経過している。

ハッシュタグはどう世界を変えたか

ソーシャルメディアの歴史を語る上で、ハッシュタグは最も重要なものである。ハッシュタグの登場以前と以後でネットの歴史は二分できるかもしれない。

「ハッシュタグ」は、ソーシャルメディア上で見つけるべき情報にたどり着くための機能で、キーワードの頭に〝#〟を付けることで、情報をタグ付けするもの。ツイッター上で普及し、YouTube、Instagram、TikTokなどで使われている機能だ。

ハッシュタグは、当初、ツイッターの公式の機能ではなく、一部のユーザーの間で使われていた「ローカルルール」のようなもの（「見えてきたハッシュタグの「問題点」」小林啓倫、『論座』2019年12月11日）だったという。ちなみにツイッターでは、#を付けなくともワード検索で同じ情報を探すことはできる。ただ、同じハッシュタグを使う者同士が、連帯感を得るためのものと考えるべきだろう。

ツイッターのサービス開始は、2006年の7月、ハッシュタグが最初に使われたのは、

スマートフォンでツイートする津田大介　2010年6月14日
当時36歳　フォロワー数当時6万5000　写真：AP/アフロ

同年、BarCampというイベントについてツイートした、エンジニアのクリス・メッシーナという人物とされる。彼は、ツイッターの開発者のひとりであるビズ・ストーン（74年生まれ）の元を訪ね、その後、ユーザーたちの間で普及しつつあったハッシュタグを公式機能に追加した。英語版の公式機能としての対応が2009年、日本語版が2011年。

ちなみに当初のツイッターは、モバイル端末対応もしていなかった。日本でそれに対応した「モバツイッター」が登場したのは、2007年4月。73年生まれのエンジニア、藤川真一がマッシュアップサービスとして開発したもの。この時点でツイッターを利用していたのは、アーリーアダプター層である。その後に「～なう。」とつぶやくことが流行したのは2010年。「ユーキャン新語・流行語大賞」のトップテンにランクインした。

マジョリティー層への普及は、日本では2011年の震災以降である。73年生まれのITジャーナリストの津田大介は、2010年1月の段階で利用者は300万人前後、つまりネットユーザーの15人に1人でしかなかったが、2012年には2～3人に1人にまで急増したという（『動員の革命　ソーシャルメディアは何を変えたのか』中央公論新社、2012年）。そして、ツイッターが革新的だったのは「ソーシャルメディアがリアル（現実の空間・場所）を「拡張」したことで、かつてない勢いで人を「動員」できるようになった」部分だったという。

ツイッターは簡易版のブログで、それ自体が画期的だったわけではない。リツイートやハッシュタグの機能によって情報が、繰り返され、増幅され、それをきっかけとした行動を世界中の利用者に促した。

ウォール街を占拠せよのフードデリバリー革命

「We are the 99%」「ウォール街を占拠せよ（オキュパイ・ウォールストリート）」のスローガンを掲げる抗議デモが、２０１１年9月17日から長期的な座り込みに発展し、約59日間に渡って続いた。「#OccupyWallStreet」のハッシュタグが使われ、自然発生的に大勢の支持者を集めた。ハッシュタグ登場以降の社会運動ということになる。

ウォール街占拠のデモで新しかったのは、食料の調達の手法である。

食料担当者がニューヨークのデリバリー可能なカフェやレストランの名前を調べ、ツイッターなどでネット上に情報を拡散した。それを見た世界中の支援者たちが電話で注文した（『ウォール街を占拠せよ』ライターズ・フォー・ザ・99%）。カンパの支払いは、クレジットカードでの事前決済である。これらの情報ツールを使いこなす大学生たちが世界を1と99に分けたどちらの側かというと、１パーセントのエリート側だというのも一面の事実だ。全米中の小規模な有機農業農家や卸売業者たちも団結し、遠隔地からもデモ参加者のための食料を送り支援した。まだウーバーイーツ（２０１４年〜）のサービスはない時代である。

「We are the 99%」のスローガンは、71年生まれのフランスの経済学者のトマ・ピケティの理論を論拠にして生まれたものだった。これ以前のデモは、グローバルな貿易の不均衡が世界的な格差を生んでいるという主張の元に行われていたが、「オキュパイ・ウォールストリート」は、そうではなく、世界は、投資家とそれ以外で分断しているのだと根本の主張が変わっていた。ピケティの『21世紀の資本』は、このデモよりあとの２０１４年に刊行され世界的なベストセラーとなり、知られることになる。

ハッシュタグ普及以後、民主化運動の流れは世界規模にふくらむ。２０１０年、チュニジアのジャスミン革命から、エジプト、イランなどアラブ諸国にも波及した「アラブの春」運動が起こる。香港では、２０１４年の「雨傘革命」と呼ばれた民主化デモなどに拡散した。しかし、そのほとんどが数年後に、揺り戻しの現象を引き起こす。民主化が進んだはずの地域で次々と内戦が始まり、軍事独裁政権が誕生し、権威主義国家による統制強化に飲み込まれていく。

「イスラム国」の指導者バグダーディーの年齢

イラク、シリアにまたがる過激派組織の指導者アブー・バクル・アル＝バグダーディーが「イスラム国（ＩＳＩＬ）」の建国を宣言したのは２０１４年。２００３年のイラク戦争をきっかけとしたイラクの反米感情が、イスラム過激派たちの勢力拡大につながっていた。アメリカのシリア・イラク地域の支配力の低下などとともにイスラム国が生まれたのだ。

かつてのイスラム過激主義のテロリズムは、ネットワーク的な組織として捉えられたが、イスラム国はイラクとシリア地域の一定の領域を長期統治することで国家に近い存在として領土を占有し、支配した。

彼らは、動画共有サイトやソーシャルメディアを活用した。フランスやベルギー、イギリスなどで不満を募らせている若いムスリムたちが、イスラム国の活動に関心を抱くようになる。イスラム圏は、彼らにイスラム過激主義の思想を広め、シリア・イラクの戦場に勧誘した。それだけでなく、自国内でのテロ活動への誘導が行われた。彼らは、ホームグローンテロリストと呼ばれるテロリストになった。

イスラム国の処遇に手を焼いたアメリカ国務省は、バグダーディーの拘束につながる情報に報奨金をかけ、その情報提供を元に、シリア北西部イドリブでアメリカ軍の特殊部隊が彼の潜入先を攻撃した。2019年10月26日にバグダーディーは、死亡したとされている。

このときの急襲作戦の一部の映像が動画サイトで公開されている。上空のヘリからの地上部隊への攻撃、さらに隠れ家の建造物に迫る特殊部隊の攻撃の様子が映っている。このあと、トンネル内に追い詰められたバグダーディーは、自爆用の爆薬を詰めたベストを起動させて自ら命を絶った。巻き添えで、彼の妻や子ども、戦闘員の5人が死亡している。当時のトランプ大統領がバグダーディーの死亡を正式に発表した。

アブー・バクル・アル＝バグダーディーは、かつてアルカイダの関係者として、4年間アメリカの捕虜収容所に収監されたこともある。彼の年齢については、これまで深く考えたこともなかったが71年生まれ。徹底した秘密主義者で側近数名以外とはほぼ顔を合わせることもなかった。〝バグダーディー〟という名前は〝バグダッド生まれ〟の意味である。

ファレル・ウィリアムスの『ハッピー』以降

ファレル・ウィリアムスの『ハッピー』は、元々、映画『怪盗グルーのミニオン危機一発』のサウンドトラックに収録され、のちに本人のシングル楽曲としても発売されている（2013年11月21日）。『ハッピー』は、2014年に世界中のチャートの1位を記録。日本では一段と洋楽離れが進んでいた時代だが、久しぶりに洋楽で覚えた曲だったという人も多いはずだ。シンプルな繰り返しのリズム。これでダンスをする人々の映像も曲と同時に頭に焼き付けられていた。

『ハッピー』は世界初の24時間ノンストップのMVも話題になった。曲自体の長さは4分程度だが、世界中の各都市の街角で踊る映像が延々とループする。また、この曲に合わせて踊る、〝カバー動画〟が世界中でYouTubeにアップされる。この頃から〝歌ってみた〟が世界的なブームになっていく。

ファレル・ウィリアムスは73年生まれ。『ハッピー』を歌うファレルの歌手としての側面は、彼の全体像から見るとごく一面でしかない。若い頃にプロデューサーのテディー・ライリーに師事し、のちにプロデューサーチーム、ザ・ネプチューンズを結成。ネリー（74年生まれ）『ホット・イン・ヒア』（2002年）の大ヒットなどを皮切りに、メインストリームの音楽プロデューサーとなった。ファレルは、2000年代以降のポップミュージックでもっとも影響力を持っていたプロデューサーで、同時にN.E.R.D.のメンバーとしての活動も行っている。

2014年頃から音楽市場は世界的な再拡大の時期を迎えている。2000年代末に登場したストリーミングが普及し、市場に変化を与えたのだ。その直前までは、違法コピーの蔓延、CDの売り上げの減少などによる縮小期だった。ストリーミングだけでなく、ミユージシャンの活動の中心がライブとなり、人気や影響力を利用したファッションなどと結びつくビジネスの規模も拡大していく。

ファレルに話を戻すと、彼は、音楽プロデューサーとして、つまり裏方であったのと同時に、ファッションアイコンである自らの存在を最大限にアピールし、ファッション界、ビジネス、アートなどを結びつけた張本人のひとりだ。

2000年代前半に自らのアパレルブランドのビリオネア・ボーイズ・クラブをデザイナーのNIGO（70年生まれ）と共同で立ち上げ、アディダスやモンクレールら、スポーツブランドからラグジュアリーブランドまで幅広いブランドとのコラボレーションを行った。のちに、カニエ・ウエスト（77年生まれ）がストリートファッションとハイファッションを結びつけ、自らの〝帝国〟を築いているが、このビジネスモデルは、少なからずファレルのあとを追ったところがある。ちなみに、ファレルの音楽以外での仕事の極めつけは、ルイ・ヴィトンのメンズ・クリエイティブディレクターへの就任（2023年）。故ヴァージル・アブローの後任ということもあり、多くの注目を集めた。

官邸を狙ったドローン中年と迷惑ドローン少年

2015年4月22日に首相官邸屋上に不審な小型無人機（ドローン）が着陸する事件が起きた。ただし、実際にドローンが着陸していたのは2週間近く前のこと。官邸の警備はこれに気づかず、しばらく放置した。のちに見つかったドローンには、放射性セシウムの混じった砂が入った容器がくくり付けられていた。警察は、2日後に、自ら出頭した福井県小浜市在住で元航空自衛官の男を逮捕。男は75年生まれで、当時、40歳である。

犯人は前年からこのドローンによるテロの計画を周到にブログに書き留め、実行したのちに公開している。ブログには「官邸サンタ」の名前がつけられており、「ローンウルフ」を自称している。ブログには、わざわざ犯人が福島県内の帰還困難区域に出かけて土を採取するなどの行動についても記されていた。原発再稼働への反対という動機で行われた行為。そして、用意周到な計画性のある犯行。

「官邸サンタ」には、犯人の意思が綴られ、陶酔感すら伝わってくるが、おそらく本人が望むほどには、世間を震撼させてはいない。むしろ、冷ややかに受け流された。

この官邸ドローン事件と同時期に、「ノエル」を名乗る中学生が、ニコニコ生放送でドローンを使った過激な配信をして話題を集めていた。注目のきっかけは、2015年2月に川崎で起きた中学1年生の殺害事件だった。報道メディアが集まる容疑者の自宅の模様をドローンで撮影。後日、事件の被害者の通夜会場での配信を行うことで騒動を巻き起こす。

少年は、事前に自分の行動を予告し、ネット上で多くの関心を集めた上で迷惑行為を何度も繰り返していた。その配信を、多くの視聴者が見守っていた。投げ銭機能を通じた支援者たちも少なからず存在していた。

2015年の9月にドローン規制を盛り込んだ航空法の改正案が国会を通過し、一部のドローン使用を禁止する規制が成立する。

官邸ドローン中年と少年ノエルの違いは、単にデジタルデバイドの例だけでは説明しきれない。両者を「コンシューマー・ジェネレイテッド」と「インフルエンサー」の違いとして分けることもできそうだ。官邸ドローン中年は、自分の存在をネット上で示し、世論を巻き込もうとしたのだろう。これらは、十分に「コンシューマー・ジェネレイテッド」ではある。この用語は、ウェブ2.0という言い方が流行したときによく聞いたもので、『電車男』が匿名掲示板上で複数の参加者たちによって生み出されたことがその代表的事例である。この用語が使われなくなったあとに、インフルエンサーやファン・マーケティングの時代が訪れる。これらは、より大勢の人数を動員し、影響力の大きさを重視するもの。ファレルの『ハッピー』に見られるような、多くのファンを巻き込むやり方である。

ドローン少年ノエルは、インフルエンサーだった。動画共有メディアを利用し、自分の犯罪、またはすれすれの行為を生で配信し、悪ノリするファンや野次馬を増幅させていく。巻き込む人の数を重視し、影響力を持つ。そして、資金もそこで調達する。

テロリズムとは、政治的な意図をもち、対象を攻撃する存在。定義はそれだけではない。それを通じて社会不安を増幅させる行為。そこがより重視される。少年ノエルは、官邸ドローン中年よりも、広く恐怖や不安を抱かせる存在として、より有効な〝テロリズム〟を行ったと見ることもできる。また、のちの迷惑系ＹｏｕＴｕｂｅｒや寿司ペロ騒動など、社会不安を煽るような出来事を、やや先取りしていたところがある。

地方創生、「ストップ少子化・地方元気戦略」

「これ以上の「東京一極集中」は、少子化対策の観点からも歯止めをかける必要がある」

２０１４年5月の民間のシンクタンク日本創成会議による「ストップ少子化・地方元気戦略」から出てきた提言である。座長は元岩手県知事で安倍内閣の民間閣僚として総務大臣などを務める増田寛也（51年生まれ）だった。

同じ年に安倍政権が「少子高齢化に歯止めをかけ、50年後も人口1億人を維持」という内容の政策を進めていく。地方創生が第二期アベノミクスの財政出動の中心に据えられた。とてもスムーズな連携に見えた。

この政策提言の中身は、東京一極集中が人口減少を加速させ、それを食い止めることが人口増加への道筋だというもの。一見筋が通っているように思えるが、本当にそうだろうか。大都市に住む層が子どもを育てるタイミングで地価の安い非都市部に移動する。これが自然な人口移動のケースで、大都市への一極集中そのものが少子化の原因という指摘には、無理な相関関係のこじつけが生じているように思える。

むしろ地方創生の政策は、自治体同士の足の引っ張り合いを助長させる側面がある。行政の役割は、都心であれ地方であれ、それぞれの住む場所で子育ての環境を改善する方がまともな政策に見える。

地方創生の提言が登場したタイミングは、2013年9月のIOC総会による2020年東京オリンピック開催決定のあとでもあった。東京一極集中への批判をかわすための策、そういう意図も見えてくる。

地方創生は、田中角栄の「列島改造」「地方の時代」への逆戻りにも見える。小泉政権以降の〝都市型政党〟の要素を持つ自民党の路線とも異なっている。とはいえ大きな反発を受けることなく、地方創生は受け止められた。安倍晋三の暗殺事件ののちに刊行された『安倍晋三回顧録』の中でも、地方創生についてはほぼ触れられなかった。

ザハの新国立競技場計画が高く付いた理由

ザハ・ハディドの新国立競技場の建築計画が批判を受け、当時の安倍首相が白紙撤回を宣言したのは2015年の7月のこと。

さかのぼるが、国際コンペティションで、ザハの案が選考されたのは、五輪開催が決定する前年の2012年のことだった。8万人分の客席と開閉式の屋根を持つ大型スタジアムは、日本が五輪招致活動でアピールした要素のひとつだった。

ザハ案への批判に注目が集まったのは、2014年になってからのこと。当初1300億円と見込まれていた総工費が、想定を超え3000億円（のちに変化する）にまで高騰していたことがきっかけだった。一方、建築家の槇文彦が中心となった神宮の森との景観の不一致を巡る批判もあった。国際コンペに〝ローカル地域の景観〟という文脈を持ち込む筋違いの批判にも見える。

これらの批判を受け、当時の安倍首相は白紙撤回を宣言する。

ザハはイラクで生まれ、イギリスで活動を始めた建築家で1950年生まれのベビーブ

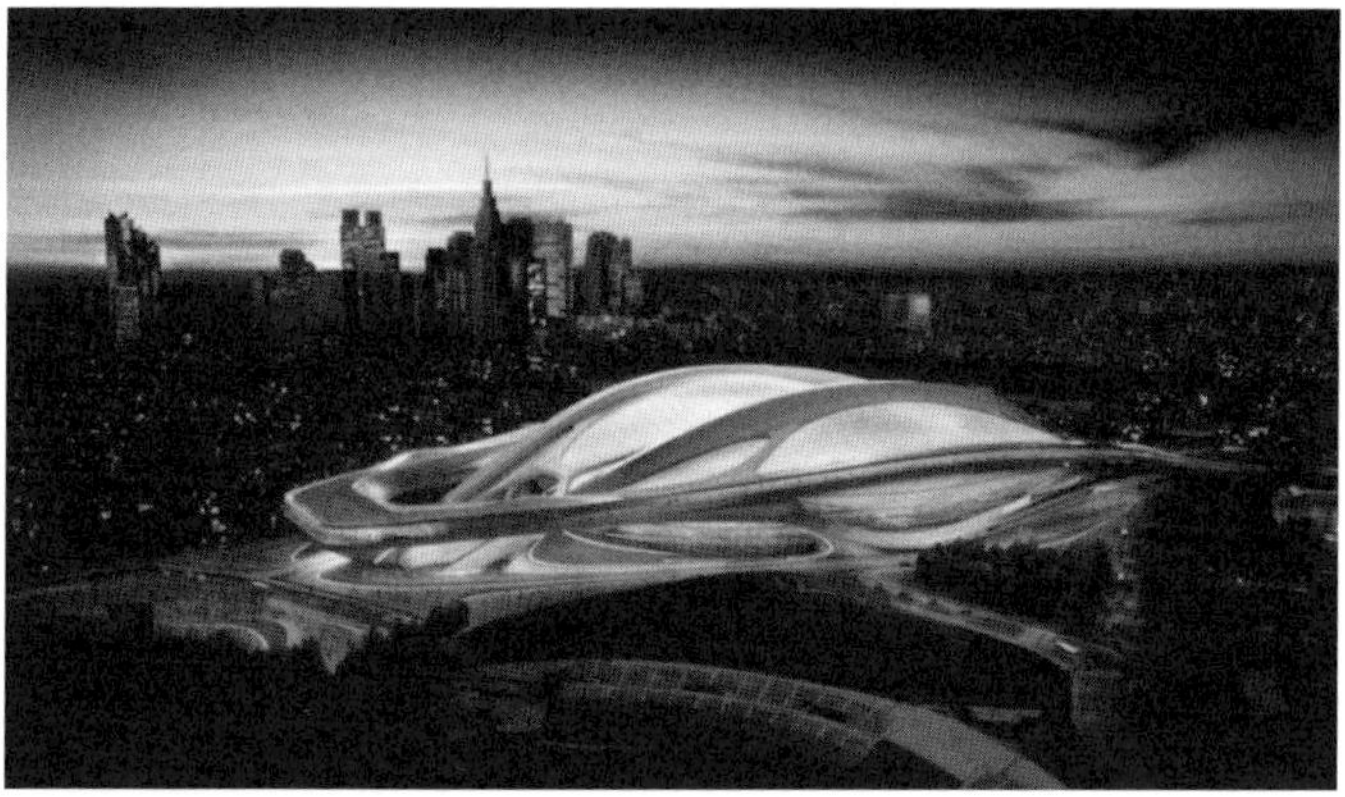

新国立競技場デザイン　ザハ・ハディド案が採用　2012年11月15日
2015年7月15日に安倍首相が白紙撤回を表明
提供：Zaha Hadid Architects/EyePress/Newscom/アフロ

ーム世代である。彼女には「曲線の女王」のニックネームがある。ザハの建築は、コンピューターによる3Dモデリングをフル活用していた。そして、その曲線のデザイン、プレゼンテーションで強みを発揮した。建築家の隈研吾は「コンペにすごく強くて、僕は負けることが多かった」と、ザハについて触れている。ただ、コンペのアイデアをそのまま実現しようとすると総工費は高く付く。「アンビルド」は、実現しない計画を多く生み出したことでついた称号である。こうしたザハの建築家としての特徴、性質を知らないまま、日本では高すぎる国立競技場の建築計画の議論が進められていた。

ザハ自身が日本での批判のあらしをどう受け止めていたのか。彼女は、イギリスのオックスフォード大学での2016年2月の講演の際に、この件についてインタビューで質問され「（日本人が）外国人にデザインをさせたくなかったのは明白」と答えている。ちなみに彼女は、日本側が白紙撤回したという話も、テレビを見たスタッフから聞かされただけで、主催者側からの連絡は受けていなかったという。

ザハは、同じインタビューの中で、建設コストは、日本側（正確には日本スポーツ振興協会）が国際入札を受け入れず、国内のゼネコンを使うと決めたから高騰したと反論を述べている。ザハは、このインタビューの翌月に、心臓発作で死去した。享年65。

ＡＩ美空ひばりとアンドロイド・オペラ

「お久しぶりです。あなたのことをずっと見ていましたよ。がんばりましたね」と語りかけ、ＡＩ美空ひばりが新曲『あれから』を披露したのは、２０１９年のＮＨＫ紅白歌合戦でのこと。

アバター（ネット上の自分の分身）を使ったコミュニケーションや、コンピューターグラフィックスが語りかけてくるような映像は、取り立てて珍しくないものになっていたが、このＡＩひばりは賛否両論の議論を呼んだ。

作曲家、ピアニストで73年生まれの渋谷慶一郎は、後日、ＡＩ美空ひばりについてのＮＨＫの特別番組にも出演し、この件についての意見を表明している。批判したのは、本人の意図していないメッセージを言わせたことについて。一方で、ＡＩが音楽を生成することには、音楽家としての賛同を示す。

『Scary Beauty（スケアリー・ビューティ）』（２０１８年）のプロジェクトは、ＡＩを搭載したアンドロイド指揮者のオルタ3が、自律的にテンポのコントロールを行い、オーケストラと渋谷（ピアノ）は、即興の指揮に合わせた演奏を行うというプロジェクト。オルタ3の動きには、一見、演奏には関係のなさそうな表情の変化や呼吸の動作などが含まれている。

ロボットの動きをリアルな人間に近づけようとしたときに生じる不気味さ、または親近感、その境目は「不気味の谷」と名付けられている。アニメのキャラクターが歌をうたっても気持ち悪いとは感じなくとも、ＡＩ美空ひばりには、気味の悪さを感じる。人の感覚には、微妙な段差があるということ。

「不気味の谷」と呼ばれる感情にもいくつもの階層がある。アンドロイドの表情が変われば、見る側はそこに意味を読みとろうとする。『Scary Beauty』の演奏時にも、会場中がオルタ3の一挙手一投足を固唾を呑んで見守っていた。ＡＩ美空ひばりも、人によって受け止め方が違っていた。

美空ひばり以外の歌手がＡＩとして新曲を披露したら、人はどう反応したのだろう。ＡＩ純烈だったら？　ＡＩ福山雅治だったらどうか。ＡＩ美空ひばりが生み出された背景には、いくつもの文脈があったはずだ。過去、もっとも高い視聴率を記録した紅白は、63年の第14回で視聴率は、81・4パーセント（ニールセン調べ）。このときの大トリが美空ひばりだった。翌年に東京五輪を控え、最後は『蛍の光』ではなく『東京五輪音頭』が合唱された。

ＡＩで美空ひばりを復活させたのも、翌年に五輪開催を控えていた年。ＡＩひばりに祝祭の意味があったのであれば、歌わせるべきは『お祭りマンボ』だったかもしれない。また、

AI三波春夫に『オリンピック音頭』を歌ってもらう手もあったはずだ。審査員はAIザハ・ハディドがいい。

東京反五輪運動の大成功

東京オリンピック2020は、新型コロナウイルスの蔓延によって1年開催が先送りされ、2021年に開催された。ほぼすべての競技は無観客で試合が行われた。予定されていたパブリックビューイングもすべて中止となった。

開会式は、何年も前から進められていた計画がさまざまなトラブルにより、途中での辞退者が続出。当初の演出案とはかけ離れたものとなる。

73年生まれの小林賢太郎は、この開会式の演出を担当したひとりだった。ラーメンズとしてのコントの中で、ユダヤ人虐殺を題材に扱ったことが問題視された。このコントを収めたVHSは発売から20年以上が過ぎ、すでに一般市場では流通していない商品だったが、過去に発せられた問題発言が取り上げられ解任となった。解任は、開会式の前日の7月22日のこと。小林は謝罪コメントを発表した。

五輪の開会式では、楽曲制作担当の小山田圭吾が過去のいじめ発言問題で辞任、それ以前にも問題が続出した。呪われた五輪である。

２０２１年5月11日の『ＮＹタイムズ』が「科学に耳を傾け、危険な茶番を止めるときが来た。五輪はキャンセルされなければいけない」という五輪続行を批判する記事を掲載した。日本のメディア報道も、米有力紙による五輪批判という風向きの変化を感じたのか、開催を批判する切り口が増える。この『ＮＹタイムズ』の記事が政治的な意図、つまり反五輪活動家が書いたものだったことはあまり知られていない。

これを書いたジュールズ・ボイコフは『オリンピック　反対する側の論理』の中で、アメリカでの社会運動が反五輪運動以降大きく変化したことに触れている。彼は、反五輪を目的に行動するジャーナリストである。反五輪運動の盛り上がりは、２０１７年のロサンゼルスの五輪開催決定（２０２８年）とともに巨大化した。それまでの反グローバリズム、気候変動問題などをテーマに活動していた左派運動家たちが、この頃に反五輪の旗の下で連帯を深めた。五輪は、世界中の誰もが知る国際的イベント。開催地の開発反対に協力し、大会関係者の失言を監視するなど反対ムードを盛り上げ、協賛企業に批判を向けるノウハウが共有された。また、五輪そのものへの反対ではなく、その協賛企業への批判を展開する方が効果的であるということも確認されていく。

２０２１年の東京の場合は、国立競技場を巡る白紙撤回から始まり、公式エンブレムのデザイン盗作疑惑、森喜朗組織委員長の女性蔑視発言、開会式統括のパワハラ辞任など、あらゆるトラブルを自ら引き起こし、アメリカの反五輪運動を日本側が見事にアシストした感があった。五輪開催は、反対運動に足をすくわれるまでもなく、自ら崩れ落ちた。

団塊ジュニアディストピア小説『本心』

平野啓一郎（75年生まれ）の小説『本心』（21年）の舞台は、ＡＩとＡＲの技術で実在の人物を再現する「ＶＦ（ヴァーチャル・フィギュア）」が商品化されている近未来である。

主人公の朔也は、29歳。朔也は、母が残した生命保険から３００万円を費やして、母の死の4年前の姿を再現したＶＦの製作を業者に依頼する。母親は、70歳を前にして自らの死を望んでいた。ちなみにこの世界では、尊厳死が合法化している。だが、その前に母親は、ドローン事故で亡くなった。

この世界に存在するＶＦは、生前の写真や動画、メールのテキストや遺伝子情報、そしてライフログ（携帯電話やＰＣに残された個人の生活情報）を元に再現される仮想空間内の人間である。ヘッドセットを付けてディスプレイに映るＶＦを見る。口癖や声質は本人そっくりに再現され、会話をすることもできる。

朔也の「お母さんの世代は、若い時からずっとお荷物扱いされてきたから！」という台詞や、「〝ロスジェネ〟と称されていたあの世代」などの描写から、「ロスジェネ世代」という言葉が、この時代にはまだ死語になっていないことがわかる。

母親は、30代の後半で東日本大震災を経験している。被災地でボランティアを行った。ここで出会った相手との恋愛から朔也が生まれたというのが朔也が聞いているエピソードである。母は、非正規雇用のシングルマザーとして息子を育てた。

この章の冒頭で取り上げた柴崎友香の小説『わたしがいなかった街で』の主人公も、団塊ジュニア世代の女性だった。この主人公は、30代半ば。「これから子供を産む可能性は低いだろう」という思いを抱いて生きているのだ。

平野の『本心』は、その三十数年後が舞台。『本心』に出てくる母親は、次世代（朔也）は残すが、夫婦という形ではなく人工授精によって子どもを得て、育てることを決意する。そして老後を長く生きるつもりもなく、尊厳死を考えている。ただし母親は、結局ドローンの事故で亡くなっているが、直接衝突したわけではなく、近くに落ちてきたドローンに驚き、その弾みで側溝に落ちて亡くなっている。国家の緊縮財政がこの世代に最後まで不幸をもたらしている。考え得る中でも、かなり残念な死に方だ。小説の細部ではあるが、もっとも予言的な場面である。

（1）未婚男女の結婚意欲や希望子ども数、夫婦の予定子ども数といった、家族をつくる意欲は一段と引き下がる方向に変化した（中略）。結婚することや、子どもを持つことは必ずしも必要ではないと考える人が増え、個人の生活や価値観を大切にする考え方への支持が増えた。他方で、生じた妊娠に占める「望んだ妊娠」の割合が高まる中、不妊を心配し、不妊治療を受ける夫婦の割合は前回からさらに上昇した（中略）。夫婦が実際に生んだ最終的な子ども数（中略）は、この世代の晩婚化が進んだことを要因の一つとして、1・86人から1・81人に低下した。

（2）今回の調査で、もう一つはっきりと示されたことは、男性、女性の役割について行動、意識ともに大きく変化し、男女のあり方における違い（働き方や家事・育児）が縮小に向かったことである。働き方については、結婚、出産後も仕事を中断しない女性が増え（中略）、育児休業を取得した夫も初めて大きく増加した。日常的に家事を行う夫も増え、妻が正規の職員の場合、子どもが3歳までの間、4割の夫が日常的に家事を行っている（中略）。こうした変化は意識の上でも確認され、結婚、出産、仕事をめぐる女性のライフコースについて、未婚男女ともに、仕事と子育てを両立させる生き方を理想とする割合が初めて最多となった。妻となる結婚相手に経済力を求める男性や、夫になる相手に家事・育児の能力や姿勢、容姿を求める女性が増えるなど、行動、態度の両面で男女差が縮小している。

（3）その他、前回調査以降に大きく変わったものとして、恋人や配偶者と知り合う環境が挙げられる。今回の調査では、恋人や配偶者と知り合う場として友人や職場を経由したものが減り、ソーシャルネットワーキングサービス（SNS）やマッチングアプリなど個人間の交流の場をオンラインで（中略）提供するサービスが活用されている実態が示された。恋人と交際中の未婚男女の10人に1人以上（中略）、および2018年後半から2021年前半に結婚した夫婦の13・6％が、こうしたインターネットを使ったサービスを介して相手と知り合ったことがわかった。また、見合い結婚をした夫婦の知り合った年齢がやや若年化するなど、配偶者を選択する行動に幅広い変化がみられている。

（2021年社会保障・人口問題基本調査〈結婚と出産に関する全国調査〉第16回出生動向基本調査　結果の概要）

あとがき

またこの世代の話かと思われるかもしれない。それはこちらも同じ思いである。人数が多いゆえに、多くのブームの中心になってきた面はある。その世代が自分の世代論を語るのは、「またか」と思われるのはしかたがない。この世代の世代論は、ノスタルジーか残酷物語のどちらかである。そうではない本を書くことが本書の目的だが、そうなっただろうか。

本書は当初、73年生まれが物心が付いて以降の事件や社会の変化について書くつもりだった。たっぷり40年分あった。これは戦後の後ろ半分ということになる。分量的に無理があった。次に、1973年ぴったりの同年代の有名人たちの登場、活躍、起こした事件、引退などを時系列に並べてみる本の構成を思いついた。

結果、これらが入り交じったものが本書だ。

どちらにせよ、メディアの移り変わりに主眼を置いている。子どもの頃に起きた社会的な事件、それをどのメディアを通して見たのか、聞いたのか。同時に、その時代に生まれたり、消えたりするメディアについて、それが著者の一番の関心事である。

73年世代の生きてきた時代の中で、多くのものがアナログからデジタルへと転換していった。その移行は、単線のものではなく、複線的に進み、いくつもの失敗の繰り返しでもあった。自分の世代が新しい側に乗れたこともあるし、乗り遅れたものもある。

たまたま、この本を書き上げた頃に、ミュージシャンのクエストラヴが『ミュージック・クイズ・ヒストリー』という71年生まれの自分の同時代の歴史を記した本が翻訳出版された。クエストラヴは、『サマー・オブ・ソウル（あるいは、革命がテレビ放映されなかった時）』の監督でもあり、この映画は、ウッドストックと同じ1969年に行われながら長年忘れ去られてきた、ニューヨークの街中の公園で開催された音楽フェスの記録映画だ。

近年は、すでに語られていることとは違った視点から歴史のあるポイントを再解釈する、人種、ジェンダーなどの異なる視点から見直して語り直すことが、本や映画やドラマなど、エンターテインメントの一ジャンルになっている。

そのクエストラヴが歴史を記述する際に重視したのは、メディアのフォーマットについてだった。彼の本は、音楽の歴史だ。その曲を最初に耳にしたときに、それが8トラックのカセットテープだったのか、レコードプレイヤーだったのか、そのLPが何枚組で、自分はどの順番で聴くことになったのかなど、メディアの形状を想像することが細かに描かれる。現代は、新譜でも旧譜でも、音楽に楽に接することができる時代だ。だが、それで抜け落ちるのは、最初にそれが世に出たときに、当時のメディアがどういうものだったのか、彼はフォーマットへの想像力を忘れるなという。

これは歴史記述についての話でもある。誰もが簡単に過去の出来事に触れることができる。でも、その過去を想像するときに、前提となる常識やメディア環境はいまのそれとは違っていた。それがこのフォーマットへの想像力という話の本質でもある。

本書も、失われたメディア、フォーマットへのこだわりについて書いたところがある。例えば、インターネットが普及する前に、人はどうやって外で待ち合わせをしていたのか、どうやって飲食店のチョイスをしていたのか。テクノロジーを使った道具が一度普及してしまうと、それ以前の生活の細部を人は思い出せなくなる。そこに今一度、想像力を持って挑む。本書はその試みである。

速水健朗

参考文献

山口文憲『団塊ひとりぼっち』文藝春秋、2006年
杉山恒太郎『ピッカピカの一年生を作った男』小学館、2015年
島田荘司『火刑都市』講談社、1986年
永田大輔「ビデオをめぐるメディア経験の多層性　「コレクション」とオタクのカテゴリー運用をめぐって」（所収、ソシオロゴス編集委員会編『ソシオロゴス』、2018年）
すがやみつる『ゲームセンターあらし』（全17巻）小学館、1980～83年
柳澤健『2016年の週刊文春』光文社、2020年
島田荘司『三浦和義事件』角川書店、1997年
アルビン・トフラー『第三の波』（鈴木健次他訳）日本放送出版協会、1980年
西和彦『反省記　ビル・ゲイツとともに成功をつかんだ僕が、ビジネスの〝地獄〟で学んだこと』ダイヤモンド社、2020年
保阪正康『「檄文」の日本近現代史　二・二六から天皇退位のおことばまで』朝日新聞出版、2021年
浅羽通明「眠らない「欲望」の充填装置　コンビニエンス・ストアの資本論」（所収、『別冊宝島　80年代の正体！』宝島社、1990年）
村田沙耶香『コンビニ人間』文藝春秋、2016年
辻中俊樹編、文化放送／ネットワーク著『団塊ジュニア　15世代白書　消費心ドキドキ、リアルな生活シーンから、とらえたマーケティングドキュメント』誠文堂新光社、1988年
渡辺和博／タラコプロダクション『金魂巻　現代人気職業三十一の金持ビンボー人の表層と力と構造』主婦の友社、1984年
窪之内英策『ツルモク独身寮』（全10巻）小学館、1988年～91年
原秀則『冬物語』（全6巻）1987年～90年

武論尊原作、原哲夫漫画『北斗の拳』（全15巻）集英社、1985年～98年
あだち充『タッチ』（全26巻）小学館、1981年～87年
高橋留美子『めぞん一刻』（全15巻）小学館、1982年～97年
井上雄彦『SLAM DUNK』（全31巻）集英社、1991年～96年
ダン・アッカーマン『テトリス・エフェクト　世界を惑わせたゲーム』（小林啓倫訳）白揚社、2017年
恩藏茂『「FMステーション」とエアチェックの80年代　僕らの音楽青春記』河出書房新社、2021年
所ひで／ユーチューブライター「「芸能人の結婚披露宴」平均視聴率ランキングで振り返る「古舘伊知郎の司会裏話」」（Asagei＋plus、徳間書店、2022年6月12日）
二谷友里恵『愛される理由　State of the heart』朝日新聞社、1990年
宗田理『ぼくらの七日間戦争』（角川文庫）KADOKAWA、1985年
田原総一朗『正義の罠　リクルート事件と自民党　20年目の真実』小学館、2007年
三浦武彦／早川和良『クリスマス・エクスプレスの頃』（高嶋健夫編）日経BP企画、2009年
太田出版編『Mの世代　ぼくらとミヤザキ君』太田出版、1989年
吉岡忍『M／世界の、憂鬱な先端』文藝春秋、2000年
池澤夏樹『スティル・ライフ』中央公論社、1988年
篠山紀信『定本　作家の仕事場』新潮社、1996年
篠山紀信撮影『Santa Fe　宮沢りえ』朝日出版社、1991年
安田理央『ヘアヌードの誕生　芸術と猥褻のはざまで陰毛は揺れる』イースト・プレス、2021年
細井敏彦『校門の時計だけが知っている　私の「校門圧死事件」』草思社、1993年
斎藤美奈子／成田龍一編著『1980年代』河出書房新社、2016年
町田弘香／水落一隆／伊藤敬史聞き手・構成「インタビュー　ジョン・カビラさん」（所収、『LIBRA Vol.13』東京弁護士会、2013年10月）
鳥賀陽弘道『カラオケ秘史　創意工夫の世界革命』新潮社、2008年

斎藤美奈子『冠婚葬祭のひみつ』岩波書店、２００６年
菅野美穂他『わたしたちが27歳だったころ　悩んで、迷って、「わたし」になった25人からのエール』（ｗｉｔｈ編集部編）講談社、２０２２年
「岡村靖幸　ｐｒｅｓｅｎｔｓ 音楽のはなしｗｉｔｈ小室哲哉、ｗｉｔｈ小西康陽」（所収、『ＧＩＮＺＡ』マガジンハウス、２０１７年４月号）
桐野夏生『夜の谷を行く』文藝春秋、２０１７年
永田洋子『十六の墓標　炎と死の青春』（上・下巻）彩流社、１９８２年～83年
金子達仁『28年目のハーフタイム』文藝春秋、１９９７年
小峰隆夫「財政再建 VS 積極財政　平成時代における財政再建への挑戦」（所収、日本経済研究センター政策ブログ、２０１９年４月17日）
田中秀臣『デフレ不況　日本銀行の大罪』朝日新聞出版社、２０１０年
鈴木光司『リング』角川書店、１９９１年
小松左京『日本沈没』光文社、１９７３年
村上龍『コインロッカー・ベイビーズ』講談社、１９８０年
河合幹雄『日本の殺人』筑摩書房、２００９年
岡崎京子『ジオラマボーイ・パノラマガール』マガジンハウス、１９８９年
田中康夫『なんとなく、クリスタル』河出書房新社、１９８１年
昼間たかし『１９８５-１９９１　東京バブルの正体』マイクロマガジン社、２０１７年
堺屋太一『団塊の世代』講談社、１９７６年
福冨忠和『ヒット商品の舞台裏』アスキー、２００３年
能地祐子『モーニング娘。×つんく♂2』ソニー・マガジンズ、２００５年
ダニエル・Ｊ・リンデマン『リアリティ番組の社会学　『リアルワールド』、『サバイバー』から『バチェラー』まで』（高里ひろ訳）青土社、２０２２年

岡村黎明『テレビの21世紀』岩波書店、２００３年
貴戸理恵／菅原琢／中澤秀雄／仁平典宏／濱野智史『平成史』（小熊英二編著）河出書房新社、２０１２年
與那覇潤『平成史　昨日の世界のすべて　1989-2019』文藝春秋、２０２１年
小峰隆夫『平成の経済』日本経済新聞出版社、２０１９年
ウォルター・アイザックソン『スティーブ・ジョブズ　The Exclusive Biography １』（井口耕二訳）講談社、２０１１年
鎌田慧『橋の上の「殺意」　畠山鈴香はどう裁かれたか』平凡社、２００９年
水無田気流『シングルマザーの貧困』光文社、２０１４年
大野茂『２時間ドラマ40年の軌跡』、東京ニュース通信社、２０１８年
柴崎友香『わたしがいなかった街で』新潮社、２０１２年
奥田良胤「テレビアナログ終了　全国44都道府県でデジタルに移行」（所収、『放送研究と調査』ＮＨＫ放送文化研究所、２０１１年９月）
池井戸潤『オレたちバブル入行組』文藝春秋、２００４年
池井戸潤『ロスジェネの逆襲』ダイヤモンド社、２０１２年
小林啓倫「見えてきたハッシュタグの「問題点」」（朝日新聞ＤＩＧＩＴＡＬ　論座、２０１９年12月11日）
津田大介『動員の革命　ソーシャルメディアは何を変えたのか』中央公論新社、２０１２年
ライターズ・フォー・ザ・99%『ウォール街を占拠せよ　はじまりの物語』（芦原省一訳）大月書店、２０１２年
トマ・ピケティ『21世紀の資本』（山形浩生他訳）みすず書房、２０１４年
安倍晋三『安倍晋三回顧録』（橋本五郎／尾山宏聞き手・構成、北村滋監修）中央公論新社、２０２３年
ジュールズ・ボイコフ『オリンピック　反対する側の論理　東京・パリ・ロスをつなぐ世界の反対運動』（井谷聡子他監訳、井上絵美子他訳）作品社、２０２１年
平野啓一郎『本心』文藝春秋、２０２１年
クエストラヴ／ベン・グリーンマン『ミュージック・イズ・ヒストリー』（藤田正／森聖加監訳）シンコーミュージック・エンタテイメント、２０２３年

著者
速水健朗　はやみず・けんろう
ライター・編集者、ラジオ司会。1973年石川県生まれ。コンピューター誌編集者を経て、2001年よりフリーランスの編集者、ライターとして活動を始める。音楽、文学、メディア論、都市論、ショッピングモール研究、団地研究など幅広い分野で執筆。主な著書に『1995年』(ちくま新書)、『東京β』(筑摩書房)、『ラーメンと愛国』(講談社現代新書)、『自分探しが止まらない』(ソフトバンク新書)、『ケータイ小説的。』(原書房)、『東京どこに住む』(朝日新書)などがある。

1973年《ねん》に生《う》まれて
団塊《だんかい》ジュニア世代《せだい》の半世紀《はんせいき》

2023年7月14日　第1刷　発行
2023年8月2日　第2刷　発行

著　者　　速水健朗

発行者　　渡辺能理夫
発行所　　東京書籍株式会社
〒114-8524 東京都北区堀船2-17-1
03-5390-7531(営業)　03-5390-7500(編集)

装　丁　　原条令子デザイン室
イラスト　ユア
DTP　　川端俊弘(WOOD HOUSE DESIGN)
協　力　　小池彩恵子　末広裕美子

印刷・製本　図書印刷株式会社

ISBN978-4-487-81468-8　C0036

出版情報　https://www.tokyo-shoseki.co.jp/